中华现代学术名著丛书

等不等观杂录

杨文会 著

商务印书馆
创于1897 The Commercial Press

2017年·北京

图书在版编目(CIP)数据

等不等观杂录/杨文会著.—北京:商务印书馆,2015(2017.3重印)
(中华现代学术名著丛书)
ISBN 978-7-100-11822-4

Ⅰ.①等… Ⅱ.①杨… Ⅲ.①佛学—研究 Ⅳ.①B948

中国版本图书馆CIP数据核字(2015)第285020号

本书据金陵刻经处1919年刻《杨仁山居士遗著》本排印

中华现代学术名著丛书
等不等观杂录
杨文会 著

商务印书馆出版
(北京王府井大街36号 邮政编码 100710)
商务印书馆发行
北京冠中印刷厂印刷
ISBN 978-7-100-11822-4

2015年12月第1版　　开本880×1240 1/32
2017年3月北京第2次印刷　　印张6⅝

定价:20.00元

杨 文 会

(1837—1911)

仁山居士遺著封面

出版说明

百年前，张之洞尝劝学曰："世运之明晦，人才之盛衰，其表在政，其里在学。"是时，国势颓危，列强环伺，传统频遭质疑，西学新知亟亟而入。一时间，中西学并立，文史哲分家，经济、政治、社会等新学科勃兴，令国人乱花迷眼。然而，淆乱之中，自有元气淋漓之象。中华现代学术之转型正是完成于这一混沌时期，于切磋琢磨、交锋碰撞中不断前行，涌现了一大批学术名家与经典之作。而学术与思想之新变，亦带动了社会各领域的全面转型，为中华复兴奠定了坚实基础。

时至今日，中华现代学术已走过百余年，其间百家林立、论辩蜂起，沉浮消长瞬息万变，情势之复杂自不待言。温故而知新，述往事而思来者。"中华现代学术名著丛书"之编纂，其意正在于此，冀辨章学术，考镜源流，收纳各学科学派名家名作，以展现中华传统文化之新变，探求中华现代学术之根基。

"中华现代学术名著丛书"收录上自晚清下至20世纪80年代末中国大陆及港澳台地区、海外华人学者的原创学术名著（包括外文著作），以人文社会科学为主体兼及其他，涵盖文学、历史、哲学、政治、经济、法律和社会学等众多学科。

出版“中华现代学术名著丛书”，为本馆一大夙愿。自1897年始创起，本馆以“昌明教育，开启民智”为己任，有幸首刊了中华现代学术史上诸多开山之著、扛鼎之作；于中华现代学术之建立与变迁而言，既为参与者，也是见证者。作为对前人出版成绩与文化理念的承续，本馆倾力谋划，经学界通人擘画，并得国家出版基金支持，终以此丛书呈现于读者面前。唯望无论多少年，皆能傲立于书架，并希冀其能与“汉译世界学术名著丛书”共相辉映。如此宏愿，难免汲深绠短之忧，诚盼专家学者和广大读者共襄助之。

商务印书馆编辑部

2010年12月

凡　　例

一、“中华现代学术名著丛书”收录晚清以迄20世纪80年代末，为中华学人所著，成就斐然、泽被学林之学术著作。入选著作以名著为主，酌量选录名篇合集。

二、入选著作内容、编次一仍其旧，唯各书卷首冠以作者照片、手迹等。卷末附作者学术年表和题解文章，诚邀专家学者撰写而成，意在介绍作者学术成就，著作成书背景、学术价值及版本流变等情况。

三、入选著作率以原刊或作者修订、校阅本为底本，参校他本，正其讹误。前人引书，时有省略更改，倘不失原意，则不以原书文字改动引文；如确需校改，则出脚注说明版本依据，以“编者注”或“校者注”形式说明。

四、作者自有其文字风格，各时代均有其语言习惯，故不按现行用法、写法及表现手法改动原文；原书专名（人名、地名、术语）及译名与今不统一者，亦不作改动。如确系作者笔误、排印舛误、数据计算与外文拼写错误等，则予径改。

五、原书为直（横）排繁体者，除个别特殊情况，均改作横排简体。其中原书无标点或仅有简单断句者，一律改为新式标点，专名号从略。

六、除特殊情况外，原书篇后注移作脚注，双行夹注改为单行夹注。文献著录则从其原貌，稍加统一。

七、原书因年代久远而字迹模糊或纸页残缺者，据所缺字数用“□”表示；字数难以确定者，则用“（下缺）”表示。

目　　录

等不等观杂录卷一

读《法华经·妙音品》

此品义味幽深，须以三法释之。初依四宾主，次依四法界，三依六相。且初依宾主释者，释迦如来，主中主也；多宝如来，宾中主也；妙音菩萨，宾中宾也；文殊菩萨，主中宾也。先由主中主放光东照，妙音方发意来观，众宝莲华既现于灵山会前，文殊乃问世尊，欲知妙音所行三昧，并愿见其色相。表二菩萨均在因位，各有分齐，非仗佛力，不能融会。释迦乃蕲多宝为现，表古佛虽久灭度，神用常兴，故一呼即至，乃宾中主召宾中宾也。及至妙音到已，先见释迦，不见多宝者，表释迦为此界宗主，多宝现于释迦界中，非释迦介绍，不能见也。次依四法界释者，妙音，事法界也；文殊，理法界也；释迦，理事无碍法界也；多宝，事事无碍法界也。前文释迦开多宝佛塔，表理事无碍入事事无碍也。多宝分半座与释迦并坐，正显事事无碍之象也。文殊表根本智，显示般若真空之义，理法界也。妙音得种种三昧净华宿王智，佛为彼说国土净秽、身量大小，妙音未来时，先现众宝莲华，所经国土，雨花动地，天乐鸣空，皆属事法界也。理事无碍，方能契合，故文殊白佛，欲见妙音，然非事事无碍，不能随心自在，故释迦蕲多宝现其相也。三依六相释者，即《华严经》中总别同异成坏也。灵山道场为总相，四圣在会为别相，皆证法华为同相，因果差殊为异相，师资道合为成相，各住自位为坏相。寂音尊者用各不相知之义释此品，专属坏相，于经意未能全合。

《圆觉经·清净慧章》别记

第六章清净慧菩萨问法，世尊开示四种浅深证道之相，复说："居一切时，不起妄念。于诸妄心，亦不息灭。住妄想境，不加了知。于无了知，不辨真实。"凡三十二字，作四句读。古今诸师，各申妙解。今为同志宣扬，特出新义，以饷大众。初句"不起妄念"者，若就思惟心言之，则与下句不能联合。当知妄念即是第七识，随缘执我，便成非量。一切时不起，则七识转成平等性智矣。第二句之"妄心"，六识思惟心也。七识为六识之根，根既平等，则依根所发之识，必无我执。是名妙观察智，何须息灭？如永嘉答六祖云"分别亦非意"，深契六祖之道也。第三句"住妄想境"，前五识也。五根对境而有五识，唯是现量。因有同时意识为缘，则成比量，而现量隐。故名加了知。古人彻悟之时，叹为"山河及大地，全现法王身"。若加了知，则无此境，不得名为成所作智矣。第四句"无了知"者，即是第八识无分别智。辨之者，第六意识也。意识认为真实，则违八识现量矣。《胜鬘经》云："烦恼隐覆真实。"意识不辨，则不被其隐覆，八识转成大圆镜智矣。八识既转，四智全彰，岂非一切种智乎？故下文佛赞德本以结之。

弥陀报土

古人以四土释西方极乐世界，复以互相该摄之言通之。予细参详，似犹未惬。盖佛刹具四土者，不可一概而论。经中每云“或有国土，纯是菩萨”，则下二土自无有矣。今依《净土三经》所说，一切众生往生彼国者，皆得衣食自然，究竟彻证无上菩提。是往生者，虽未证圣，已非凡界，既无凡界，则不可说凡圣同居矣。又二乘种性往生之后，虽证小果，毕竟趋入大乘，是无实声闻，便不可说方便有余矣。统而言之，无非弥陀报土，随往生者根器不同，见彼国土浅深有异。既入弥陀愿海，自业报境全舍，岂有凡界能为牵系耶？又有高谈净土者，喜提常寂光，亦非本经意旨。盖十方诸佛所居常寂光，平等无二，尚非浅位菩萨所及，何况下凡？若能入常寂光，则无此界他界之别，又何必说西方耶？既说西方，自以弥陀报土为归，是为他受用土。若论弥陀自受用土，非常寂光而何？

《起信论》证果

信成就发心者，入圆初住位，即得少分见于法身，便能八相成道，现劣应佛，至十地位尽，见满分法身，在色究竟天现胜应佛，或疑初住所现劣应佛不具三身，与妙觉果位有异。又疑十地位尽所现胜应佛亦不说报身。今为通释。夫初住位既见法身，而法身遍一切处，即名毗卢遮那，不可以自他情量限之。虽云少分见，但以入理深浅言之，非谓另有分法身在所见之外也。法身者，自受用身也；报身名他受用身，亦称法界性，遍一切处，随机显现。初住菩萨现佛身时，即以毗卢遮那为自法身，以卢舍那为自报身，以色究竟天佛为自胜应身，以一位遍摄一切位故。至十地位尽现胜应身时，亦复如是。又胜应身即《梵网》所谓千华上佛。彼经云："卢舍那化为千释迦，千释迦又化为千百亿释迦。"是谓从本起末。若摄末归本，准例可知。既入佛性海中，释迦现身，一切法趋释迦；弥勒现身，一切法趋弥勒。无量诸佛，莫不皆然。

三身义

清净法身，圆满报身，千百亿化身，是之谓三身。学佛者若不知三身义，则真假二谛不能圆融。世人所见释迦牟尼佛从母胎出、修行证道、说法度生、入于涅槃者，皆化身之事也。化身一名应身，以其应众生之机而出现也。当知释迦成道以来，经久远劫，三身具足，一时能现无量化身。犹如月映万川：彼月之体性能现月形者，法身也；彼月之光明照耀无边者，报身也；水中所现之月随处可见者，化身也。若但知化身为佛，而不知普遍平等之法身、万德庄严之报身，则佛陀亦人中之杰出者而已矣，岂能统十界而称尊、亘古今而常存者乎？他教之言曰：佛者受造者也；上帝者造物者也。是皆知有化身，而不知有法身报身也。法身者，四圣六凡所同者也，称为本觉；报身者，万劫修行所显者也，称为始觉。始本合一，方证佛果，然后现无量化身以度含灵。六道凡夫，虽有法身，隐而不现，随业所受之身，或为人，或为畜，即是报身。无随类现形之用，故无化身。此等众生，颠倒妄想，轮转无穷，若欲脱此幻梦，殊非深究内典不为功。然内典繁多，从何入手，用功省而收效速也？曰：有马鸣菩萨所作《起信论》。文仅一卷，字仅万言，精微奥妙，贯彻群经。学者苟能熟读深思，如法修行，从十信满心，得六根清净，证入初住，见少分法身；历十住、十行、十回向、十地、等觉、妙觉，彻证满分法身，现圆满报身；以大悲心，起随类用，即现千百亿化身，与十方诸佛无二无别也。或疑六道众生何能直证佛果。不知众生本性即是诸佛法身，迷则轮回六道，悟则超越三乘，然须多劫修行，方成佛道。更有净土一门，不假勤修，不废俗谛，一念净信，顿超彼岸，可谓方便中之大方便，直捷中之最直捷矣。学者可不勉旃！

大乘律

梁《摄论戒学》中引《毗奈耶瞿沙毗佛略经》，说菩萨戒有十万种差别，如兹大本未沾此域。又古德相传云：真谛三藏将菩萨律藏，拟来此土，于南海上船，船便欲没。省去余物，仍不能起。唯去律本，船方得进。真谛叹曰：菩萨戒律，汉土无缘，深可悲矣！或疑《摄论》所引戒相何至如此之多？当知菩萨行门通十法界，随入一界，皆具万行，故有十万种差别也。又疑九界现身，可说戒相，若现佛身，岂得同例？今为释曰：菩萨现佛身时，亦有应作不应作之相，以为戒藏，故十法界莫不皆然。又如大部律藏不能至东土者，亦有深义。盖西土应化圣贤，能应十界之机，随缘设化，故应受持广律。若东土修大乘者，局于人道，未能现身他界，故广律非分。且菩萨行折摄二化，随类现身，迥出常情之表。未入正位者，或堕疑网。若强效之，恐致堕落，故不入此土。《梵网》十重四十八轻，及《菩萨戒本》四重四十一轻，乃大乘律之总纲。凡发菩提心者，皆应受持也。谨案："菩萨戒有十万种差别"，见真谛译《摄论》（世亲释）。——编者识

佛法大旨

佛法大旨，在引导世人出生死轮回。盖世人生不知来，死不知去，静言思之，何以忽而有我？未生以前，我在何处？既死以后，我往何所？茫茫昧昧，诚可哀也。有智慧者，在自性内体究，破妄显真，忽如梦觉，六通具足，得知过去世曾经无量生死，或生天上，或生人间，或为畜生，或堕地狱饿鬼，苦乐千差；未来世中，亦复如是，轮转无穷。遍观一切众生，头出头没，无有了期，遂发大愿，修菩萨道，自度度他，福慧圆满，得成佛果。所说经法，真实不虚。无论何人，依教修行，皆得成佛。但入门有难易之分，证道有浅深之别，及其成功，一也。如来设教，义有多门，譬如医师应病与药，但旨趣玄奥，非深心研究不能畅达。何则？出世妙道，与世俗知见大相悬殊。西洋哲学家数千年来精思妙想，不能入其堂奥，盖因所用之思想是生灭妄心，与不生不灭常住真心全不相应，是以三身、四智、五眼、六通，非哲学家所能企及也。

近时讲求心理学者，每以佛法与哲学相提并论，故章末特为拈出，以示区别。

学佛浅说

先圣设教，有世间法，有出世法。黄帝尧舜周孔之道，世间法

也，而亦隐含出世之法；诸佛菩萨之道，出世法也，而亦该括世间之法。世间法局于现生，不脱轮回；出世法透彻根源，永脱轮回。兼之世界成坏，群生变化，凡情所不能测者，佛门修士朗然大觉，普照无遗，岂不大快乎哉！然则学佛者当若之何？曰：随人根器，各有不同耳。利根上智之士，直下断知解，彻见本源性地，体用全彰，不涉修证，生死涅槃平等一如。此种根器，唐宋时有之，近世罕见矣。其次者，从解路入，先读《大乘起信论》，研究明了，再阅《楞严》、《圆觉》、《楞伽》、《维摩》等经，渐及《金刚》、《法华》、《华严》、《涅槃》诸部，以至《瑜伽》、《智度》等论，然后依解起行。行起解绝，证入一真法界，仍须回向净土，面觐弥陀，方能永断生死，成无上道。此乃由约而博、由博而约之法也。又其次者，用普度法门，专信阿弥陀佛接引神力，发愿往生，随己堪能，或读净土经论，或阅浅近书籍，否则单持弥陀名号，一心专念，亦得往生净土。虽见佛证道有迟速不同，其超脱生死、永免轮回，一也。或曰：同一证道，何不概用普度法门令人省力？答曰：凡夫习气最重，若令其专念佛名，日久疲懈，心逐境转，往往走入歧途而不自觉。故必以深妙经论消去妄情，策励志气，勇锐直前，方免中途退堕也。又问：上文所说出世法门，如何能括世间法耶？答曰：佛法要在见性，真性如水，世事如沤，有何沤不由水起，有何事不由性起耶？子但精勤一心，究明佛法，方信予言之不谬矣。

《金刚经》四句偈说

《金刚经》内每云“四句偈等”，后人不达，种种解释，殊失经旨。予读《法华》至“一四句偈”，恍然曰：此即极少之说也。《金刚》之

“四句偈等”，亦犹是也。后阅智者大师疏云：《般若》第一部六十万偈，乃至第八部三百偈，即此《金刚般若》。又阅《华严经序》，有云：龙树菩萨诵得下部，归于竺乾，几十万偈四十八品。传来此土者，四万五千偈三十九品。乃知西土论经，通以四句为一偈、二句为半偈，积若干偈为一品、若干品为一经。“四句偈等”之旨，复何疑哉？

藏经字体不可泥古说

东震旦自有佛经，历代书写刊印流通，字体皆随时宜。明万历间始刊书本藏经，间用古字。初学患其难晓，后半遂不复用。近代吴下江铁君写刻大乘教典，改从《说文》字体，好古者赏之。然《说文》所有之字则改矣，其无者仍听之，亦何贵乎其改也？尝试论之：佛经字体，不与《说文》合者最多。何则？翻梵成华，但取义顺，不以文字论古今也。且翻字不翻音者，若此方之字，与彼音未能全符，则加口旁以别之，便知非本字全音矣。如谓《说文》无有，尽行除去，则密咒正音，无从可得，断不可也。又显说中，閒静从閒，中間从間，因世俗相承已久，一见而知分别也。《楞严》、《楞伽》之“楞”字，《说文》作“棱”，他书从之，惟佛经内专用“楞”字。疑系译经时所定，当从之，不必更改也。菩萨之“薩”字，《说文》无之，今有人改作薩，谓是“薛”字之假借也，又有写作“殺”，更可骇也。考字典从“薩”，与古经不符。经中从“艹”从“阝”从“立”从“生”，当是译经时所撰，良有以也。经中“婬”字多从女旁，专指男女事也，今人欲依《说文》改从氵旁。书中“淫”字训义甚多，放也，溢也，甚也，邪也。经中专指男女事，故从女为妥。由此类推，应改与否，从可知矣。

鸦片说

世人修善，名曰白业；世人造恶，名曰黑业。鸦片者，黑业之所感也。何以言之？不观夫云栖《施食仪》乎？作灭罪法时，观饿鬼身中所有罪业犹如墨汁，以神咒之力，令其墨汁从足心流出，下入金刚际。今时黑业强盛，汲引此汁从地涌出，化作罂粟花，鲜妍可爱，及其浆满，剖而出之，初见灰白，俄而变色，煮之熬之，则纯黑矣，岂非饿鬼足下流出之墨汁乎？所最奇者，吸烟之筒，名之曰枪，不知命名者何所取义也。静言思之，乃恍然曰：枪者，杀人之具也。举枪欲杀人，必以口对人，而火门对己。乃吸烟则反是，诚举枪以自杀也。尝观世人终日营营，百计千方，莫非损人利己。惟吸鸦片一事，则专以害己。此所谓天壤间至公之道也。往者与英人讲论创法之巧，英人曰：熬烟之法，吸烟之具，皆造自华人。益信业力招感，非凡心所能思议者矣。大凡世间毒物，人皆畏而远之。鸦片之毒，甚于他物，生者为土，熟者为膏，少许入口，即时毙命，而嗜之者一见此物，喜形于色，诚不解其何故也！忽忆经中以世人贪嗔痴为三毒，始知内心之毒与外物之毒，同类相摄，其力最大，断无他力足以胜之。虽父母挞楚，妻孥诟厉，至死不改。或问：吸鸦片人应得何报？答曰：观现在形状，便可知矣。口鼻之间，臭烟出入，面目焦枯，殆无生气。命终以后，必堕饿鬼道中。《焰口经》中所救饿鬼，即此类也。待其墨汁从足流出，又为后人所吸，辗转相引，无有已时。非遇佛法教导，往生净土，其能脱此苦海乎？

观未来

世间治乱，莫能预知，然自冷眼人观之，则有可以逆料者。且就目前世界论之，支那之衰坏极矣。有志之士，热肠百转，痛其江河日下，不能振兴。然揣度形势，不出百年，必与欧美诸国并驾齐驱。何则？人心之趋向，可为左券也。不变法不能自存。既变法矣，人人争竞，始而效法他国，既而求胜他国，年复一年，日兴月盛，不至登峰造极不止也。或问：全球无衰坏之国，可与增劫时世媲美乎？答曰：迥不相侔也。增劫时世，人心纯善，金玉弃而不取。今时号为文明之国者，全仗法律钳制，人心始能帖然，牟利之徒，机巧百出，非极天下之豪富，不能满其所欲也。又问：坏极而兴，既闻命矣。至于兴之极，能永久不坏乎？答曰：不能也。或问：何以知之？答曰：地球各国全盛之日，兵戈不起，生齿日繁。谚云：一人生两人，十世一千丁。以三十年为一世，至十世而添人千倍矣。其中不无饥馑疾疫耗折人口，且减半计之，亦不下五百倍也。历年三百，而添人五百倍，地不加大，何能容之？彼时先坏商务，继坏工务。盖各国齐兴，货物充溢，皆欲阻止他国货物，不令输入，而轮船无用矣。华物既不运售他国，则制造日减，而工人赋闲矣。工商以外，无生业者不计其数，啼饥号寒，哀声遍野，岂有不乱者乎？先兴者先坏，后兴者后坏，统地球各国，坏至不可收拾，所有文学格致历算工艺一切尽废，仍变而为野蛮。向之人民五百倍者，减而剩一分，如现在之数，乱犹不止。必再减一半，而乱事方了。尔时，人民敦朴,如洪荒之世。此为乱之极、治之始也。久之又久之,而礼乐文章渐次兴起。治乱循环,如是而已。哀哉众生!营营扰扰,果何为也?或晓之曰:此梦境也,举世皆梦也。然则亦有觉者乎?曰:释迦、弥陀,皆觉者也。十方三世一切诸佛,皆觉者也。菩萨罗汉,高僧上士,觉而未至究竟者也。欲醒此梦,非学佛不为功。三藏教典具在,苟能用心,无不得入,而要以净土为归,方可醒此大梦也。

支那佛教振兴策一

中国之有儒释道三教,犹西洋之有天主、耶稣、回回等教,东洋之有神道及儒佛二教。东西各国,虽变法维新,而教务仍旧不改,且从而振兴之,务使人人皆知教道之宜遵,以期造乎至善之地。我中国何独不然?今日者,百事更新矣。议之者每欲取寺院之产业以充学堂经费,于通国民情恐亦有所未惬也。不如因彼教之资,以兴彼教之学,而兼习新法,如耶稣天主教之设学课徒。日本佛寺亦扩充布教之法,开设东文普通学堂,处处诱进生徒。近日创设东亚佛教会,联络中国、朝鲜,以兴隆佛法,犹之西人推广教务之意也。我国佛教衰坏久矣,若不及时整顿,不但贻笑邻邦,亦恐为本国权势所夺,将历代尊崇之教,一旦举而废之,岂不令度世一脉后人无从沾益乎?为今之计,莫若请政务处立一新章,令通国僧道之有财产者,以其半开设学堂,分教内教外二班,外班以普通学为主,兼读佛书半时,讲论教义半时,如西人堂内兼习耶稣教之例;内班以学佛为本,兼习普通学,如印度古时学五明之例。如是,则佛教渐兴,新学日盛,世出世法,相辅而行,僧道无虚縻之产,国家得补助之益,于变法之中,寓不变之意。酌古准今,宜情宜理，想亦留心时务者所乐为也。

支那佛教振兴策二

泰西各国振兴之法约有两端：一曰通商，二曰传教。通商以损益有无，传教以联合声气。我国推行商业者渐有其人，而流传宗教者独付缺如。设有人焉，欲以宗教传于各国，当以何为先？统地球大势论之，能通行而无悖者，莫如佛教。美洲阿尔格尔曾发此议，立佛教学会，从之者十余万人。然其所知仅佛教粗迹，于精微奥妙处未之知也，故高明特达之士仍不见信。今欲重兴释迦真实教义，当从印度入手，然后遍及全球。庶几支那声名文物，为各国所器重，不至贬为野蛮之国矣。然开办之始，非筹款不为功。傥得贤士大夫慨然资助，收效于数年之后，不但与西洋各教并驾齐驱，且将超越常途，为全球第一等宗教，厥功岂不伟欤？

释氏学堂内班课程刍议

盖自试经之例停，传戒之禁弛，以致释氏之徒，无论贤愚，概得度牒。于经律论毫无所知，居然作方丈，开期传戒。与之谈论，庸俗不堪，士大夫从而鄙之，西来的旨，无处问津矣。今拟乘此转动之机，由各省择名胜大刹，开设释氏学堂，经费由庵观寺院田产提充，教习公同选举。酌定三级课程：先令其学习文理，然后教以浅近释典，约须三年，学成者准其受沙弥戒，是为初等；再令学习稍深经律论，三年学成，准其受比丘戒，给牒，是为中等；此后应学深奥释典，及教律禅净专门之学，三年之后能通大意，讲解如流者，准其受菩萨戒，换牒，是为高等。聪慧之流，九年学成，具受三坛大戒，方能作方丈，开堂说法，升座讲经，登坛传戒，始得称为大和尚。仅学得初等、中等者，只能当两序职事。若全不能学，仍令还俗，不得入僧班也。近时宗门学者，目不识丁，辄自比于六祖。试问千余年来，如六祖者能有几人？拟令此后非学成初等、中等者，不得入禅堂坐香，以杜滥附禅宗、妄谈般若之弊。尼亦仿照此例，略为变通，学成等第，方准受戒。以上三等，仿照小学、中学、大学之例，能令天下僧尼，人人讲求如来教法，与经世之学互相辉映，岂非国家之盛事乎？道家者流，虽人数无多，亦可仿此办理，是在随时斟酌耳。

释氏学堂内班课程

普通学　每日课程六堂，每堂一点钟。上午第一堂，佛教。下午第一堂，佛教。其余四堂，分课本国文理、史学、地理、算法、梵文、英文、东文。

第一年

《四十二章经》《佛遗教经》《八大人觉经》蕅益三经解，守遂二经注。

《佛教初学课本》金陵刻经处刊　《释迦如来成道记》《念佛伽陀》彻悟

《菩萨戒本经》蕅益笺要　《西方发愿文》莲池自注　以上春夏二季读诵讲解

梁译《大乘起信论》纂注直解义记　《唯识三十论》高原 蕅益　《因明论》高原 蕅益　《八识规矩》憨山 蕅益　《心经》五家注　《阿弥陀经》元照 蕅益　以上秋冬二季读诵讲解

《晨昏课诵》随时讲解　《百法明门》、《小止观六妙门》以上二种暇时细阅

第二年

《楞严经》用《纂注》《正脉疏》讲解　此经一年若未读完，下年接读　《大乘止观》暇时细阅

第三年

《圆觉经》直解近释略疏　大疏　《金刚经》宗泐憨山蕅益　《维摩经》肇注，折中疏　《十六观经》四帖疏　《七佛偈》《信心铭》《证道歌》《定慧相资歌》《万善后偈》《愿生偈》昙鸾注　以上十种，分上下两期读诵讲解

《地藏经》《显密圆通》《原人论》《高僧传》《释氏稽古略》暇时细阅

专门学　自第四年起，或两年，或三五年，不拘期限。各宗典籍，或专学一门，或兼学数门，均随学人志愿。总须一门通达，方可另学一门。不得急切改换，以致一无所成。

俱舍宗　《俱舍论》《普光记》《法宝记》

成实宗　《成实论》现用《俱舍》，较《成实》为优

律　宗　大乘《梵网经》蕅益合注智者疏莲池发隐三昧直解　贤首疏　小乘　《四分律行事钞资持记》道宣　元照　《毗尼止持》见月　《毗尼作持》见月　《毗尼关要》定庵　《毗尼集要》蕅益

天台宗　《法华经》会义　科注　《妙玄节要》《涅槃经疏》《删定止观》《释禅波罗密》《四教仪集注》《教观纲宗》

贤首宗　《华严悬谈疏钞》澄观　《行愿品疏钞》澄观　宗密　《华严著述集要》《法界无差别论疏》贤首　《大宗地玄文本论》略注　《释摩诃衍论》

慈恩宗　《成唯识论》心要随疏述记　枢要　《相宗八要》高原　蕅益　《瑜伽师地论》　伦记　《因明论疏》窥基　《法苑义林章》《解

深密经》《密严经》《唯识开蒙》

三论宗　《中论》吉藏疏　《百论》吉藏疏　《十二门论》宗致义记　《肇论》《大智度论》《三论玄义》《三论游意》《宝藏论》

禅　宗　《楞伽经》憨山笔记　蕅益义疏　会译　《思益经》《五灯会元》《六祖坛经》《禅源诸诠集》《宗镜录》《万善同归集》《宗范》《禅林僧宝传》

密　宗　《大毗卢遮那成佛神变加持经》一行疏释　《苏婆呼童子经》《苏悉地羯罗经》《施食补注》莲池

净土宗　《无量寿经义疏》慧远　《无量寿如来会》《弥陀疏钞》莲池　《无量寿三经论》彭际清　《往生论注》昙鸾　《净土十要》蕅益　《安乐集》道绰　《往生集》莲池

专门学者，不但文义精通，直须观行相应，断惑证真，始免说食数宝之诮。《教乘法数》、《大明三藏法数》，宜购置案头，以备查考。

佛学研究会小引

今时盛谈维新，或问佛学研究会维新乎？曰：非也。然则守旧乎？曰：非也。既不维新，又不守旧，从何道也？曰：志在复古耳。复古奈何？曰：本师释尊之遗教耳。方今梵刹林立，钟磬相闻，岂非遗教乎？曰：相则是矣，法则未也。禅门扫除文字，单提"念佛的是谁"一句话头，以为成佛作祖之基，试问三藏圣教有是法乎？此时设立研究会，正为对治此病。顿渐、权实、偏圆、显密种种法门，应机与药，浅深获益，由信而解，由解而行，由行而证。欲一生成办，径登不退，要以净土为归。此系最捷之径也。

祇洹精舍开学记

释迦如来涅槃后二千八百六十年，摩诃震旦国外凡学人建立祇洹精舍于大江之南建业城中，兴遗教也。夫如来之教，博大精微，人莫能测。外凡浅智，何足以兴之？然当事者不暇计也，辄语人曰：人皆可以为尧舜，儒门尝言之矣，我佛门何独不然？不见夫"心、佛及众生，是三无差别"之偈乎？以刹那三昧消其时量，则灵山一会俨然未散；以帝网法门融其方域，则舍卫金陵镜影涉入。契此道者，超乎象外，何有于华梵？何有于古今？更何有于圣凡耶？然理虽如是，事须兼尽。以英文而贯通华梵，华梵既通，则古今一致，凡圣交参，皆不离乎现前一念介尔之心。于是乎振铃开学，正当光绪戊申孟冬之月，阖堂大众，欢喜踊跃，信受奉行。

金陵本愿寺东文学堂祝文

维光绪二十五年，岁在屠维大渊献陬月之吉，金陵日本净土真宗本愿寺特设东文学堂以教华人。一言语学课，二普通学课，诚如《莲经》所云"治世言语资生业等"，皆顺正法也。溯自二十年前，创立本愿寺于春申江上。今者大法主现如上人属其弟胜信公来华，设本愿寺于杭，以十人居之；复设本愿寺于吴，以三人居之。金陵为南朝胜地，而北方心泉上人与一柳等五人居焉。上人传七祖之衣钵，为四贤之领袖，知道之所自，在元魏则有昙鸾法师，在唐则有道绰法师、善导法师。三师之著作，不传于华，而传于日本，今则复播之于华，岂非时节因缘耶？留学诸君子，或宣教旨，或受和文，微特出世之良因，抑亦处世之胜缘也。然则大法主之德，其可限量乎？爰为之颂曰：真谛俗谛，如车两轮。扶桑震旦，齿之与唇。驾车来游，以道传薪。方言奇字，奥妙绝伦。弥陀本愿，指示当人。人人信受，一入全真。提唱洪名，无间昏晨。十万亿刹，明镜无尘。大哉释迦，亘古常新。五洲万国，一视同仁。

般若波罗密多会演说一

今逢净土真宗法主为振兴佛教起见，创开般若波罗密多会。鄙人应召前来，理宜演说支那佛教古今流传之相。溯自汉明帝时，慧光东照，崇信之人，乘愿而出。至姚秦时，广译经论，佛教大兴。迨至有唐，禅教律净，皆臻元奥。禅则达摩一宗，自六祖以下，五派分立；教则天台、贤首、慈恩，各承家法；律则南山正轨，大小兼弘；净则善导、怀感，诚恳备至。震旦佛教，于斯为盛。彼时著述虽多，因刻板未兴，类多遗亡。五季之时，佛教稍衰。至宋朝而复兴，所出人才，以永明为巨擘，提唱禅宗，指归净土，尤为古今所未有也。元明二代四百年间，方之唐宋，似逊一筹。本朝初年，禅宗鼎盛，著述家纯疵间出。近世以来，僧徒安于固陋，不学无术，为佛法入支那后第一隳坏之时。欲求振兴，惟有开设释氏学堂始有转机。乃创议数年，无应之者。或时节因缘犹未至耶？

请以观诸异日。

般若波罗密多会演说二

此会由法主命名般若波罗密多会，今请演说般若之义，为开会之宗本。夫般若者，根本智也。经称般若为诸佛母，一切佛法之所从生，故《大藏经》以般若为首。般若在众生分中，隐而不现，盖为无明妄想障蔽故也。众生思虑之心，内典称为生死根本，乃六识分别，念念不停，虽极明利思想之用，彻于玄微，总不能证般若真智。若欲亲证，须由三种渐次而入：一者文字般若，即三藏教典及各宗著述，后学因此得开正见，不至认贼为子；二者观照般若，依前正见，作真空观及中道第一义观；三者实相般若，由前妙观，证得诸法实相，即与般若相应，便是到彼岸，可称般若波罗密多矣。达摩一宗，专弘此法，六祖称为学般若菩萨。此乃以第六度为禅，非第五度之禅也。近时根器下劣，不能剿绝意识，反以意识之明了处认为般若智慧，譬如煮沙，欲成佳馔，岂可得哉？

般若波罗密多会演说三

如来设教，万别千差，末法修行，难进易退。有一普度法门，速成不退、直趣佛果者，即念佛往生净土法门也。汉时经已传至东土，东晋庐山远公盛弘此道，千百年来，相传不绝。宋永明大师有“万修万人去”之语，言之不详。后人未知其方，今请演其说以供众听。窃窥永明之意，深有见于净土三经宗旨。凡具信心发愿往生者，临命终时，皆仗弥陀接引之力，故能万修万人去也。然往生虽仗他力，而仍不废自力，故以修字勉之。盖生品之高低，见佛之迟速，证道之浅深，受记之先后，皆在自力修行上分别等差。后世有专重自力者，令人疑虑不决，有碍直往之机；又有专重他力者，以致俗缘不舍，空负慈尊之望。二者不可偏废，如车两轮，如鸟两翼，直趋宝所，永脱轮回矣。

般若波罗密多会演说四

立身成己、治家齐国，世间法也；参禅学教、念佛往生，出世法也。地球各国，于世间法，日求进益，出世法门，亦当讲求进步。支那国中，自试经之例停，传戒之禁弛，渐致释氏之徒不学无术，安于固陋。今欲振兴，必自开学堂始。五印度境，为佛教本源，大乘三藏，所存无几。欲兴正法，必从支那藏经重译梵文，先须学习语言文字，方可成此大业也。日本佛教胜于他国，三藏教典及古今著述最为详备。欲求进益，须以汉语读汉文，则文义显发，必有胜于向时。盖汉文简而明、曲而达，虚实互用，言外传神，读诵通利，自能领会。向以和语回环读之，恐于空灵之致有所未惬也。

南洋劝业会演说

南洋劝业会，为从来未有之创举。至今六个月会期将满，各家演说均已齐备，惟宗教一门尚属缺典。顷承同志诸君之意，开会演说，以作会场最后之胜缘。鄙人勉承众志，略为演说。考各国宗教源流，以婆罗门教为最古。自佛教出兴，而婆罗门高尚之士，咸舍本教而学佛，盖自知其道义之不如也。东汉时传来东土，至今一千八百余年矣。佛教所以胜于他教者，在倡明真性不灭，随染缘而受六道轮回。世间苦乐境界，皆是过去世中因起惑而造业，因造业而受报。至受报时，设法救济，已无及矣，所谓定业难转也。不如以佛法导之，令其不造恶因，免受苦果，渐渐增进，以至成佛，则久远大梦，豁然顿醒。自度功毕，度他不休，此乃佛教济世之方，与世间法相辅而行，非虚无寂灭之谈也。更有深妙道理，须久阅内典，潜心体究，方能领会，非一时所能演说。地球各国，皆以宗教维持世道人心，使人人深信善恶果报毫发不爽，则改恶迁善之心自然从本性发现，人人感化，便成太平之世矣。

送日本得大上人之武林

佛法传至今时，衰之甚矣，必有人焉，以振兴之。日本真宗教士航海而来，建别院，开学塾，岂非振兴之机乎？但格于门户，未能融入大同见解，不无差池耳。然既称释迦弟子，总期剖破藩篱，上契佛心，跻群生于清泰之域，截生死流，登涅槃岸，是则不求同而自同矣。得大上人将赴武林，为题数言以赠其行，上人其勉之哉！

等不等观杂录卷二

佛学书目表

书名	著者译者	卷数	刻版处	识　　语
华严部				
《华严经》	唐 实叉难陀译	八十卷	扬州藏经院	佛初成道时，七处九会，说圆融无尽法门，为诸经之王，非阅疏论著述，鲜能通其义也。
《华严悬谈》	唐 澄观撰	八卷	长沙上林寺	悬叙十门，统明全经大旨，即疏钞之首。
《华严疏钞》	唐 澄观撰	二百二十卷	金陵刻经处	以四分科经，发挥精详，后人得通华严奥旨者，赖有此书也。
《华严合论》	唐 李通玄撰	一百二十卷	金陵刻经处	提倡圆顿法门，与禅相为表里。
《华严著述集要》	刻经处辑		金陵刻经处	荟萃各家撰述，学华严者万不可少。
方等部				
《圆觉经近释》	唐 佛陀多罗译 明 通润释	六卷	金陵刻经处	十二菩萨各别请问，佛一一答之。

书名	著者译者	卷数	刻版处	识　　语
《维摩经注》	姚秦 鸠摩罗什译 僧肇注	八卷	金陵刻经处	维摩示疾，诸大菩萨往问，说不可思议解脱法门。
《金光明最胜王经》	唐 义净译	十卷	金陵刻经处	四卷《金光明经》广行于世，此十卷者，文义详备，最宜流通。
《心地观经》	唐 般若译	八卷	金陵刻经处	纯显真如一心，兼明万行修证。文言流畅，旨趣幽深。
《胜鬘经宝窟》	刘宋 求那跋陀罗译 唐 吉藏作宝窟	十五卷	金陵刻经处	唐以前盛弘此经，后世无人提倡，因其奥义难通也。今幸宝窟来自扶桑，学者可得门径矣。
《思益梵天所问经》	姚秦 鸠摩罗什译	四卷	金陵刻经处	学禅宗者宜阅此经。
《观佛三昧海经》	东晋 佛陀跋陀罗译	十卷	金陵刻经处	此经事理交含，依文修观，现身得见释迦如来。
《佛报恩经》	失译人名　出后汉录	七卷	金陵刻经处	如来往劫修行，皆是证无生忍以后之事，非凡情所能测度。其中表法，可以理喻。
《地藏本愿经》	唐 实叉难陀译	二卷	金陵刻经处	说地藏菩萨因地发心，并地狱可畏之相，以儆愚顽，而开觉路。
净土部方等部内开出				
《无量寿经义疏》	曹魏 康僧铠译 隋 慧远疏	六卷	金陵刻经处	说弥陀因地发四十八愿庄严净土，此疏从日本传来。

书名	著者译者	卷数	刻版处	识语
《观无量寿佛经疏钞》	刘宋 畺良耶舍译 陈隋 智𫖮疏 宋 知礼钞	四卷	扬州藏经院	佛说十六观门，利根上智依之修行，速超上品。疏钞用三观释之，显圆妙理。
《观无量寿佛经四帖疏》	唐 善导疏	四卷	金陵刻经处	从日本传来，内分玄义分、序分义、定善义、散善义，故名四帖。
《阿弥陀经义疏》	姚秦 鸠摩罗什译 宋 元照疏	一卷	金陵刻经处	佛说净土法门，令众生一心念佛，即得往生，不受轮转。
《阿弥陀经疏钞》	明 袾宏撰	四卷	金陵刻经处	用贤首家法，一事一理，逗机正说。
《往生论注》	婆薮槃头菩萨造论 元魏 菩提留支译 魏 昙鸾注	二卷	金陵刻经处	唐以前谈净土之书，除《十疑论》外，仅见此本，其精妙处，后人所不能及。
《净土十要》	明 智旭集	十卷	扬州藏经院	上起智者，下至袁宏道，皆系精要之作。
《往生集》	明 袾宏辑	三卷	金陵刻经处	略录古今往生事迹，加以赞论。
《省庵语录》	国朝 实贤作	二卷	扬州藏经院	专弘净土，时人称为莲宗第九祖。
法相部方等部内开出				
《楞伽经》	刘宋 求那跋陀罗译	四卷	金陵刻经处	性相并谈，文义简古。

书名	著者译者	卷数	刻版处	识　语
《入楞伽心玄义》	唐 法藏撰	一卷	金陵刻经处	此卷从日本得来，全疏既失，观此可知大意。
《解深密经》	唐 玄奘译	五卷	金陵刻经处	学法相者，以此为宗。
《大乘密严经》	唐 大广智不空译	三卷	金陵刻经处	长行甚少，五言偈居多。
《瑜伽师地论》	弥勒菩萨说　无著菩萨传 唐 玄奘译	百卷	金陵刻经处	内有五分说十七地，奘师译成，太宗大为赞赏，因作《圣教序》。
《成唯识论》	护法等菩萨造 唐 玄奘译	十卷	金陵刻经处	梵本十种，奘公汇为一部，剖析精微，学法相者最宜深究。
《成唯识论述记》	唐 窥基撰	六十卷	金陵刻经处	此书元末失传，后人以不见为憾。今从日本得来，慈恩一宗，其再兴乎？
《因明论疏》	商羯罗主菩萨造 唐 玄奘译 唐 窥基疏	八卷	金陵刻经处	用三支比量简辨真似，能立能破，不为他宗所破也。
《相宗八要解》	明 明昱解	八卷	金陵刻经处	雪浪恩公采集，明昱补古注所未备，开相宗之初门。
般若部				
《金刚经注解》	姚秦 鸠摩罗什译 明 宗泐解	一卷	金陵刻经处	宗天亲二十七疑解释，最便初学。
《金刚宗通》	明 曾凤仪撰	九卷	金陵刻经处	引证渊博，会通宗旨，文义畅达，震醒聋聩。

书名	著者译者	卷数	刻版处	识　　语
《心经五家注》	唐 靖迈、法藏 明 宗泐、德清、智旭撰	五卷	金陵刻经处	此经注解甚多，俗解无益，邪解有害。择正解之精当者，汇为一编。
《仁王护国经》	唐 大广智不空译	二卷	金陵刻经处	波斯匿王请问，佛说般若护国法门。
《六波罗密多经》	唐 般若译	十卷	金陵刻经处	前五度一一与般若相应，方成无漏善也。
《大智度论》	龙树菩萨造 姚秦 鸠摩罗什译	百卷	扬州藏经院	释《摩诃般若经》九十品，初品具译全释，有三十四卷，余皆十倍略之。
法华部				
《妙法莲华经》	姚秦 鸠摩罗什译	七卷	金陵刻经处	开权显实，统收一代时教。
《法华会义》	明 智旭撰	十六卷	扬州藏经院	智者大师《法华文句》文义繁多，阅者每难卒业。智旭删繁就简，以便初学。
《妙玄节要》	明 智旭节	二卷	扬州藏经院	节略智者大师《法华玄义》而成此本。
《尼犍子授记经》	元魏 菩提留支译	十卷	扬州藏经院	宣说世出世法，曲尽其妙。
涅槃部				
《大般涅槃经》	北凉 昙无谶译 《后分》唐 若那跋陀罗等译	四十二卷	金陵刻经处	扶律谈常，显佛不灭。
《涅槃玄义》	隋 灌顶撰	二卷	金陵刻经处	开为五重，统说全经大意。

书名	著者译者	卷数	刻版处	识　　语
《集一切福德三昧经》	姚秦 鸠摩罗什译	三卷	扬州藏经院	受持此经，令三宝种永不断绝。
《佛遗教经节要》	姚秦 鸠摩罗什译 宋 净源节要 明 袾宏补注	一卷	金陵刻经处	佛说此经，犹后世之遗嘱。后代学人皆宜遵守。
秘密部				
《楞严经》	唐 般剌密帝译	十卷	金陵刻经处	无法不备，无机不摄，学佛之要门也。
《楞严正脉》	明 交光撰	四十卷	金陵刻经处	披剥陈言，独申正见；发挥经义，超越古今。
《准提陀罗尼经》	唐 金刚智译	一卷	金陵刻经处	治病却魔，祈福修真。四种神咒，随宜奉持。
《大悲陀罗尼经》	唐 伽梵达摩译	一卷	金陵刻经处	
《尊胜陀罗尼经》	唐 佛陀波利译	一卷	金陵刻经处	
《秽迹金刚咒经》	唐 无能胜译	一卷	金陵刻经处	
《显密圆通》	宋 道㲀集	二卷	金陵刻经处	略明显教，广明密教，以准提为宗。欲知咒术功能，须阅此集。
《施食》仪轨补注	明 袾宏述	二卷	金陵刻经处	三业相应，力用无边。阅此补注，方知施食非易事也。
阿含部小乘经				
《增壹阿含经》	苻秦 昙摩难提译	五十卷	扬州藏经院	此经明人天因果，从一增一，义丰慧广。

书名	著者译者	卷数	刻版处	识　语
《长阿含经》	姚秦 佛陀耶舍共竺佛念译	二十二卷	扬州藏经院	辨邪正,明报应,以长为目者,开斥修途,所记长远也。
《杂阿含经》	刘宋 求那跋陀罗译	五十卷	金陵刻经处	此经说事既难,别为一部。内有小半与《中阿含》、《增壹阿含》相同,而文顺畅。
大乘律小乘律专为出家者设,故不载				
《梵网经》	姚秦 鸠摩罗什译	二卷	金陵刻经处	上卷说四十心地,下卷说十重四十八轻戒。
《梵网经菩萨戒疏》	唐 法藏撰	十卷	金陵刻经处	此疏从日本传来,学菩萨道者最宜深究。
《菩萨戒本经笺要》	北凉 昙无谶译 明 智旭笺	一卷	金陵刻经处	广明开遮持犯,在家出家均宜受持。
大乘论小乘论未刻				
《大乘起信论义记》	马鸣菩萨造论 梁 真谛译 唐 法藏记	七卷 附别记一卷	金陵刻经处	此论总括群经要义,法藏作记,曲尽其妙。学者熟读深思,自能通达三藏教海。
《大乘起信论纂注》	明 真界注	二卷	金陵刻经处	取贤首疏、长水笔削记,删繁就简,纂辑成文,以便初学。
《大乘起信论直解》	明 德清解	二卷	金陵刻经处	称性直谈,雅合禅门之机。以上二种,可作《义记》先导。

书名	著者译者	卷数	刻版处	识　语
《中论》	龙树菩萨造 青目菩萨释 姚秦 鸠摩罗什译	六卷	杭州慧空经房	《中论》、《百论》、《十二门论》，六朝僧专门学习，是为三论宗。
《般若灯论》	龙树菩萨偈本 分别明菩萨释论 唐 波罗颇密多罗译	十五卷	金陵刻经处	般若明灯，照破幽暗，显真空理，当处无生。凡夫与佛，平等一如。
《十二门论宗致义记》	龙树菩萨造 姚秦 鸠摩罗什译 唐 法藏记	四卷	金陵刻经处	此论意旨，即孔子所云“空空如也，我叩其两端而竭焉”。法藏《义记》，发挥尽致，于此会得，即入三空解脱门。
《法界无差别论疏》	坚慧菩萨造 唐 提云般若等译 唐 法藏疏	二卷	金陵刻经处	论中深义，人不能晓。得法藏疏，方知法界平等之妙旨也。
《发菩提心论》	天亲菩萨造 姚秦 鸠摩罗什译	二卷	扬州藏经院	非菩提心，无由作佛。慨发大心，兼行六度，而后佛果可期矣。
西土撰集				
《四十二章经解》	后汉 迦叶摩腾、竺法兰同译 明 智旭解	三经合本	金陵刻经处	佛教东来，首译此经。
《贤愚因缘经》	元魏 慧觉译	十三卷	扬州藏经院	慧觉等八人在于阗大会，共记所闻，集为一部，皆系佛及弟子化度众生之事。

书名	著者译者	卷数	刻版处	识　语
《诸经要集》	唐 智严译	三卷	扬州藏经院	集诸经中菩萨行门六十六条。法珠之宝聚,大乘之龟鉴。
《坐禅三昧经》	僧伽罗刹造 姚秦 鸠摩罗什译	二卷	金陵刻经处	说五种观门,以治五障,并说四禅四空念佛等法。
禅宗以下支那撰述				
《御选语录》	雍正朝梓行	十九卷	金陵刻经处	自肇公至莲池凡十六家,继以历代禅师,前后二集,以当今法会为殿。
《指月录》	明　瞿汝稷集	三十二卷	杭州慧空经房	上起七佛,下至大慧,采集偈颂普说机锋语句,成一家言。
《续指月录》	国朝　聂先集	二十卷	金陵刻经处	起自南宋,讫于国初,恰与前录相接。
《肇论略注》	姚秦　僧肇作	六卷	金陵刻经处	达摩未来以前,提倡宗乘者,肇公与竺道生二人而已。生公作论数篇,不传于世,惜哉!
《宝藏论》	姚秦　僧肇作	一卷	金陵刻经处	此等宝藏,人人有之,一经指出,即能受用,争奈穷子执迷不悟,可哀也已!
《六祖坛经》	唐　慧能大师说 门人记	一卷	金陵刻经处	达摩东来,直指人心,见性成佛。传至六祖,其道大行。
《禅源诸诠集》	唐　宗密述	四卷	金陵刻经处	融通宗教,汇成一味,此其序也。全书久亡,求之东瀛,亦不可得矣。

书名	著者译者	卷数	刻版处	识　语
《宗镜录》	宋 延寿述	百卷	扬州藏经院	以一心为宗，照万法如镜，凡各家互相是非者，皆以深理通之，诚圆融无碍法门也。
《万善同归集》	宋 延寿述	三卷	金陵刻经处	一心具万善，万善归一心，不滞有为，不住无为，行菩萨道之正轨也。
《心赋注》	宋 延寿述	四卷	金陵刻经处	心无形相，而可赋乎？既赋矣，而又注之，诚描写虚空之妙手也。
《高峰语录》	元 原妙撰	一卷	金陵刻经处	直截根源，脱落窠臼，最足激发参学人志气。
《中峰广录》	元 明本撰	三十卷	扬州藏经院	刊华就实，因事明理，其间锻炼之稳密、勘辨之明确，无假借，无回护，凛凛然烈日严霜，诚宗门之巨擘也。
天台宗				
《大乘止观释要》	陈 慧思述 明　智旭释	六卷	扬州藏经院	详明三番止观，皆先观而后止，大师自证之法也。唯引《起信论》“能生一切世间出世间善因果故”之言，于善下添一恶字，莲池大师辩之详矣。
《释禅波罗密》	隋 智顗说 弟子法慎记	十卷	长沙上林寺	广明各种坐禅法门。
《小止观》	隋 智顗述	二卷	杭州慧空经房	欲学坐禅，此法最为切近。

书名	著者译者	卷数	刻版处	识　语
《天台四教仪集注》	元 蒙润集	十卷	杭州慧空经房	学天台教观者，以此为圭臬。
《教观纲宗》	明 智旭述	二卷	金陵刻经处	简要不繁，最便初学。
传记				
《释迦如来应化事迹》	国朝　永珊集	四卷	扬州藏经院	采集各经，绘图二百八幅，大致依《如来成道记》。
《高僧传初集》	梁 慧皎撰	十四卷	金陵刻经处	自汉迄梁，正传二百五十七人，附见二百三十九人。
《高僧传二集》	唐 道宣撰	四十卷	扬州藏经院	自梁迄唐，正传三百三十一人，附见一百六十人。
《高僧传三集》	宋 赞宁撰	三十卷	扬州藏经院	自唐迄宋，正传五百三十人。
《禅林僧宝传》	宋 惠洪撰	三十卷	金陵刻经处	取宋代宗门之杰出者八十有一人，各为传而系之以赞。
《比丘尼传》	梁 宝唱撰	四卷	金陵刻经处	自晋迄梁，凡六十五人。
《居士传》	国朝 彭际清述	五十六卷	扬州藏经院	自汉以来，正传二百二十七人，附见七十九人。
《善女人传》	国朝 彭际清述	二卷	金陵刻经处	自晋以来，正传一百三十八人，附见九人。
杂集				
《龙藏目录》	乾隆三年定	一卷	金陵刻经处	统计七百二十四函，七千二百四十卷，十五万三千三百七十四纸。

书名	著者译者	卷数	刻版处	识　　语
《阅藏知津》	明 智旭辑	四十四卷	金陵刻经处	分别部类先后次序，与藏本不同，每部之下，但载品中事理大概，使人自知纲要。
《法苑珠林》	唐 道世撰	百卷	常熟小石山房	以佛经故实分类编排，凡一百篇，大旨推明罪福之由，以生人敬信之念。
《翻译名义集》	宋 法云编	二十卷	金陵刻经处	内分六十四类，以梵语译华言，并释其义。
《教乘法数》	雍正十三年重订	十二卷	杭州慧空经房	从一数至八万四千，备列教中名相，俾学者易于寻讨。
《慈悲道场忏法》俗名梁皇忏	梁 志公、宝唱等集	十卷	金陵刻经处	内分四十品。礼忏法门，此为最古。
《禅门日诵》	宁波天童寺增辑	一卷	金陵刻经处	早晚课诵为僧家所必需，此外有可删者存之，以顺俗也。后附十宗略说，用开初学知见耳。
《弘明集》	梁 僧祐撰	十四卷	金陵刻经处	荟萃汉魏六朝高僧名士辩论三宝之作，文既遒雅，义亦切要。
《镡津文集》	宋 契嵩撰	二十卷	扬州藏经院	内多护教之言。
《续原教论》	明 沈士荣著	二卷	金陵刻经处	辩论宋儒谤佛之言，最为透彻。
《云栖法汇》	明 袾宏述		金陵刻经处	内分三类：一释经，二辑古，三手著。门人裒集大师遗书，尽于此矣。

书名	著者译者	卷数	刻版处	识　语
《梦游集》	明 德清著	五十五卷	扬州藏经院	憨山老人著作甚多，解释经论数百卷，各别流行，门人搜其遗稿，汇成此集。
道家与佛法相通者附录于此				
《老子翼》	明 焦竑辑	八卷	金陵刻经处	采辑古注六十四家，增以自作笔乘，为解老者最为详备之书。
《道德经解》	明 德清著	二卷	金陵刻经处	憨山此解，历十五年而成，句斟字酌，极臻玄妙。
《庄子内篇注》	明 德清著	四卷	金陵刻经处	《庄子》三十三篇，以内七篇为精要，故憨山注之。
《阴符经发隐》	石埭杨文会注	一卷	金陵刻经处	以佛法解释，与旧注迥不相同。

谨案：此表曾由新安汪氏于清光绪壬寅岁用活字版印于沪渎，盖就彼时已刻版者列表，故壬寅后续出之书均未之及。——编者识

等不等观杂录卷三

汇刻古逸净土十书缘起

净土家言流传于世者，以天台《观经疏》及《十疑论》为最古，嗣后作者寥寥，咸谓学道之士群趋于禅，而净业中衰。斯言也，余未之信。顷年四海交通，遂得遨游泰西，遇日本南条上人于英伦。上人名文雄，净土宗杰士也。既各归国，适内戚苏君少坡随使节赴日本，属就南条物色释典，凡中华古德逸书辄购之，计三百余种。其中专谈净土之书，自元魏以迄南宋，择其尤雅者得十种，汇而刊之，庶几后之学者，一展卷间，得与如是诸上善人俱会一处也。

《无量寿经义疏》隋沙门慧远撰　《观无量寿佛经疏》唐沙门善导撰　《阿弥陀经义疏》宋沙门元照撰　《称赞净土佛摄受经疏》唐沙门靖迈撰　《往生论注》元魏沙门昙鸾撰　《安乐集》唐沙门道绰撰　《西方要诀》唐沙门窥基撰　《游心安乐道》唐新罗沙门元晓撰　《净土论》唐沙门迦才撰　《释净土群疑论》唐沙门怀感撰

会刊古本《起信论义记》缘起

大藏教典卷帙浩繁，求其简要精深者，莫如《起信论》。而解释此论者，自隋唐以来无虑数十家，虽各有所长，然比之贤首，则瞠乎其后矣。藏内贤首疏五卷，人皆病其割裂太碎，语意不贯，盖圭峰科会之本也。莲池重加修辑，刻于云栖，憨山治为疏略，刻于径山，文义虽觉稍联，总不能如原作之一气呵成也。近年求得古逸内典于日本，自六朝以迄元明，凡数百种。内有《起信论义记》，以十门开释，始知圭峰删削颇多，致失原本规模。然经日本僧徒和会，仍不免割裂之病。求之数年，复获别行古本，真藏公原文也。雠校冉三，重加排定，务使论文记文，自成段落，庶儿作者义味溢于行间，后之览者，恍如亲承指教也。另有《别记》一卷，似作于《义记》之先。盖《别记》所详者，《义记》则略之，遂并刊以成完璧云。日本南条文雄与余友善，此记赖以得之，其嘉惠后学，岂浅鲜哉！

《天竺字母》题词

《华严经》云：十方刹土，有以诸佛音声为体。《楞严经》云：此方真教体，清净在音闻。天竺字母，音声之本也。又经中有三种般若，从文字起观照，从观照证实相。天竺字母，文字之源也。音声文字，既为入道之初门，故以《天竺字母》刊示同学焉。

《梵网经菩萨戒本疏》题辞

有学戒人问于予曰："贤首疏《梵网戒经》，而不疏上卷，何也？"予应之曰："此非浅见所能知也。不观夫天台智者大师乎？既证法华三昧，得无碍辩才，于《梵网经》亦不疏上卷。盖卢舍那佛为诸菩萨说心地法门，非凡位所能测知，其文从四禅天传来，不类天竺语言。什公译经时，禁笔受者率意润文，是以悉仍其旧，不但天台贤首深知其意，即唐宋诸师，如胜庄、太贤辈，皆专释下卷。自明季以来，始有并上卷而释之者，虽各抒所见，以惠初学，而未达古人不疏之意也。”问曰：“上卷法门既不能解，然则流传人间将何益耶？”予曰：“弘法大士欲令世人生仰慕心，修行升进，中下之流作未来因，利根上智慧眼开时，不烦解释，而了如指掌矣。贤首此疏深达戒经奥旨，学者苟能悉心研究，信受奉行，自然从凡夫地直趣佛果，不遭歧路，岂非破烦恼障之利器、行菩萨道之正轨乎？经中称为光明金刚宝戒，可知上卷所说四十心地法门，定当以此戒为基也。”学戒人欢喜踊跃曰：“今而后知所从事矣。”

《〈心经〉浅释》题辞代梅撷芸作

或有问于予曰：“往昔疏《心经》者多矣，今独作为《浅释》，何也？”予应之曰：“《心经》文约义丰，诵之者众，皆以古疏难通，无从窥其蕴奥，不有《浅释》，初学何由得入？故《浅释》者，《心经》之津梁也。夫《心经》以二百六十余言，摄尽六百卷般若妙义，果能自浅而深，彻见真空实相，则一大藏教，无不从此流出，所谓般若为诸佛母也。此经以心为名。心也者，十界圣凡所同具也。迷则万别千差，悟则平等一致，迷悟之机，即在‘照见五蕴皆空’一语耳。五蕴本空，非照之使空，乃照见其本空也。奈何众生颠倒昏迷，以空为有，沉没于苦海之中而不自觉。若依经照之，浅者渐脱尘劳，深者顿超彼岸，随机获益，岂有定法？”问者唯唯而退，遂记其言于简首。

《欧阳母朱生西行述》题词

“忆佛念佛，现前当来，必定见佛”，此经语也；“无禅有净土，万修万人去”，此祖语也。信如此言，则归心净土者，何患不得往生乎？岭南欧阳氏号石芝者，向道之士也。事母极孝，尝以念佛法门劝进其母，行之七年，正念往生，阅所述八瑞五奇，求诸往生传中亦不多见。信乎石芝孝道精纯，有以致之也。推此生度母之心，以至西归证道之后，度多生父母，亦复如是。极而至于无量劫来六亲眷属，不可称，不可数，莫不如今生度母之诚，方便化导而度脱之，同归无量寿佛清泰国中。是则石芝从一孝道，证穷法界之大愿也夫！

《大藏辑要》叙例

此书专为初学而辑，分别部类，以便检阅。凡羽翼经律论者，概从本文为主，亦臣子随君父之义也。

华严部　经分大小二乘，大乘以《华严》为首，凡贤宗及各家著述，发明《华严经》义者，概归此部。

方等部　开小显大之经，及有注疏者，概归此部。

净土部　系由方等分出，另立一部，以逗时机，凡天竺震旦诸师演畅净土宗旨者，概归此部。

法相部　亦从方等分出，以为专门之学，慈恩宗及各家著述，汇入此部。

般若部　经论注疏，汇为一部。

法华部　《法华》各种注疏，及开权显实之经，汇入此部。

涅槃部　扶律谈常，自为一部。

以上通为菩萨藏。

小乘经　此为声闻藏。不依说时，列于方等之前者，所以别于大乘也。

以上大小二乘，统为显部。

密部　凡有坛仪之经，及印度、支那诸师撰述，均入此部。

显密二门，圆融具足，一代时教，总括无遗矣。

大乘律　菩萨调伏藏，七众同遵，并诸家疏释，择要汇集。

小乘律　声闻调伏藏，非受具戒者不宜检阅，故所收从略。

大乘论　菩萨对法藏，为入大乘之要门，释经各部已随本经，别行之论并诸疏释，辑录于此。

小乘论　声闻对法藏，卷帙繁多，今略辑数种，以见一斑。

西土撰集　论藏所不摄者，别为一类，所谓杂藏也。

禅　宗　教外别传，不立文字。语录一兴，浩如烟海。今择其要者汇为一宗。

天台宗　释经各部随入经藏，余归此宗。

传　记　古圣高贤，流风余韵，具载此篇。

纂　集　编辑成部者，归此一类。

弘　护　摧邪显正，责在僧伽；救弊补偏，功归檀越。灵山付嘱，意在于斯。

旁　通　归元无二，方便多门，儒道心传，岂有隔碍耶？

导　俗　真俗二途，霄壤之别。不假方便，心何由发？言浅意深，阅者毋忽。

《贤首法集》叙

世之学华严者，莫不以贤首为宗，而贤首之书传至今日者，仅藏内十余卷耳。后人阅清凉大疏，咸谓青出于蓝而青于蓝，因欲易贤首宗为清凉宗，盖未见藏公全书故也。近年四海交通，得与东瀛南条文雄游，求觅古德逸书数百种。所谓贤首十疏者，已得其六，方知清凉大疏皆本于《探玄记》也。贤首作《新华严疏》，未竟而卒。后二十七年，清凉乃生。及其作疏，一宗贤首，岂非乘愿再来，阐发大经乎？今将贤首著述，去伪存真，汇而刊之，名曰《贤首法集》。世之学华严者，其以是为圭臬可也！

《晋译华严经探玄记》百二十卷　至相作《搜玄记》，文义甚略。贤首继之，作《探玄记》，发挥尽致。海东元晓得之，立命弟子分讲，遂盛行于新罗。其时唐土重译《华严》既成，学者舍旧从新。贤首因疏新经，未及半部而卒。其徒慧苑足成之，命曰《刊定记》，多逞己意，违背师说，清凉疏内辨之綦详。今以二本对阅，方知清凉作疏全宗此记，钞录原文十之五六，其为古德所重如此。而蕅益辄议之曰："经既未全，疏亦草略。"盖系臆度之辞。此《记》宋元以来无人得见，蕅益何从而见之耶？东洋刻本，未会经文，单记二十卷，足六十万言，今以经合于记，厘为百二十卷。另有《华严文义纲目》一卷。与此《记》同处颇多，故不列入。谨案：《华严经探玄记》，先生未及编会。此云"以经合于记，厘为百二十卷"者，盖其预定卷数也。——编者识

《梵网经菩萨戒本疏》古本六卷，今作十卷　重戒以十门解释，轻戒以八

门解释，精深切当，超越古今，学菩萨道者，得此疏而研究之，则亦庶乎其不差矣！

《般若波罗密多心经略疏》一卷　此疏与基师幽赞一时，而各出手眼，判然不同。宋僧师会作《连珠记》以辅翼之。前于此者，有靖迈疏。唐人疏《心经》，流传至今者惟此三种耳。

《入楞伽心玄义》一卷　考本传有《楞伽经疏》七卷，求之日本，仅得《玄义》一卷，已可见全经大旨矣。　贤首十疏中，已得者，《华严探玄记》、《梵网经疏》、《心经略疏》、《起信义记》、《十二门论宗致义记》、《法界无差别论疏》及此卷。未得者，《新华严经》未完之疏，幸有《清凉疏钞》补其缺略；《密严经疏》，得日本残缺写本，核其文义，不类贤首之作；《法华经疏》无可寻觅，惜哉！

《大乘起信论义记》古本三卷，今作七卷　《别记》一卷　此论古疏传至今时者，仅见三家：隋之净影，唐之贤首，海东之元晓。虽各有所长，而以贤首为巨擘，后世作者何能企及？今于东瀛得贤首原本，汇而刊之，实为学摩诃衍之要门也。

《十二门论宗致义记》古本二卷，今作三卷　杜顺和尚《法界观门》，以真空观居首，为后二观之基。藏公此记，即以成就空观也。学者能于此记及《心经略疏》融会贯通，则得速入般若波罗密门。

《法界无差别论疏》古本一卷，今作二卷　非得此疏，论中深义，后人何从而知之？

《华严指归》一卷　内分十门，每门又分为十，以显十十无尽法门也。学华严者，切宜深究。世人以《华严指归》、《还源观》、《金师子章》，名为《贤首三要》。由今观之，岂止三要？

《妄尽还源观》一卷　内分六门：一体，二用，三遍，四德，五止，六观。台家每谓贤宗有教无观，曷一览此文乎？

《华严三昧章》一卷　新罗崔致远作《贤首传》，用华严三昧观直心中十义，配成十科，证知此章即观文也。东洋刻本改其名为《发菩提心章》，于表德中，全录杜顺和尚《法界观》文近三千言，遂疑此本非贤首作。庚子冬，南条文雄游高丽，得古写本，邮寄西来，首题《华严三昧章》，雠校尽善。登之梨枣，因来本作章，故仍其旧。尚有《华严世界观》，求而未得也。

《华严义海百门》一卷　以一尘畅演法界宗旨，《文献通考》作《百门义海》。元明以来无人得见。今从日本取来，系由宋本重刻者，末后阙一总结，第八门亦有脱文，是宋时已无完本矣。

《一乘教义分齐章》一名《华严教分记》。古本三卷，今合疏作十卷　贤首宗旨，备于此章。宋道亭作《义苑疏》，更为详明。近代杭州僧柏亭撰《贤首五教仪》，分门别类，备列名相，欲与台家教观争衡，而不知其违于古法。尝试论之：《教义章》内凡提顿教所引经文，皆无位次，柏亭则概列位次；华严四十二位，不列四加，柏亭则概列四加；圆教十住初心，便成正觉，应判分证位，柏亭则判相似位。此其显然者也。贤首既有此章，学者苟能神而明之，于一乘教义彻底通达矣。此章之末说十玄门，本于至相原书，及作《探玄记》，改易数名，为清凉张本，后人谓清凉十玄异于贤首者，盖未见《探玄记》也。

《华严金师子章》一卷　贤首说此章至"一一毛处，各有师子"，武后遂悟华严宗旨。宋沙门净源参酌四家注释，作《云间类解》，盛行于世。

《三宝章》　内分八门。传称《三宝别行记》，想即此也。明藏以下之六章合为两卷，统名《华严经明法品内立三宝章》，相沿数百年，无人厘正。学者粗心看过，以《流转》等章与三宝名目义味无涉，遂不措意。今将各章分析刊行，俾后之学者，随举一章，皆得探其蕴奥也。

《流转章》　即生灭显无生，即流转显不动，入道捷径无过于此。有志之士，请细玩之。

《法界缘起章》　内有四门，仅了第一门，余三门缺。

《圆音章》　举一语业，显三业之胜，佛果妙用，众生心地本自有之，但以无明障蔽而不能显。既读此章，当知愧愤策励修行也。

《法身章》　内分四门。

《十世章》　此观纯熟，一切妄执自然消落，立法之巧妙，迥出常情也。

《玄义章》　内分十门，即《华严玄义》也。

《华严经传记》古本五卷，今作三卷　一名《华严感应传》，后代屡有改作，渐失原本规模。今得此书，内称贤首法师处甚多，想系门下士增修之本也。

《贤首国师别传》一卷　新罗崔致远作。此本中土无传，且撰述在各家之先，故附于《法集》末卷。

《华严策林》一卷

《普贤观行法门》一卷

《华严经问答》二卷

《华严游心法界记》一卷

以上四种均系赝作，故不收录。

日本《续藏经》叙

三藏教典，结集于印度者，不可知其部帙之数。自流传震旦，至隋唐以来，代有增益，由五千以至七千，此其大较也。明紫柏尊者以方册代梵筴，阅者便之。《大藏》以外，复有《续藏》，合之已逾万卷。以遭兵燹，板已无存者，予与同志欲踵刊之而未成也。近年日本藏经书院以聚珍版刷《大藏经》，较弘教书院之本，字大而便览，予已购而藏之。顷复制《续藏经》，凡印度、支那古德撰述，未入《大藏》者，悉集而刷之，为部千六百有奇，卷逾八千，仍搜求古遗之本，正未有艾也。予亦为之搜辑，乐观其成。是辑也，得六朝唐宋之遗书，为紫柏所未见，诚世间之奇构，实足补隋唐所不足也。

《大乘中观释论》叙

经云：以有空义故，一切法得成。故三藏教典，以般若居首。盖真空实相，为诸佛母也。龙树菩萨造五百偈，发明空义，青目菩萨释之，姚秦三藏鸠摩罗什译出，名曰《中论》，凡二十七品；分别明菩萨又释之，亦二十七品，译于唐波罗颇密多罗，名曰《般若灯论》；安慧菩萨又释之，译于宋惟净三藏，名曰《大乘中观释论》。三部均入《大藏》，惟宋译仅十三品，不无遗憾。近时日本新印《大藏经》，由高丽古本钞出后分十四品，而成完璧。金陵贯通大师见之踊跃，集资锓板，以广流传。俾后之学者三部参观，豁然证契，顿入如来宝明空海，则六百卷《般若》妙义一时现前，岂非法门之快事乎！

《中论疏》叙

龙树菩萨传佛心印，为十四祖。其教人之法，以般若真空为本，尝作《中论》五百偈，阐扬第一义空。初至东土，传习之士，首推罗什门下生、肇二公。肇公作论，至今独存；生公诸论，仅存其名，惜哉！隋唐间，嘉祥吉藏禅师专弘此道，作《三论疏》行世。当是时，学天台教者，每以北齐慧文遥宗龙树，仅取三观一偈为台教之祖。而禅宗诸师又以不立文字，弃龙树妙论于不顾。于是三论一宗，遂成绝学。近代四海交通，嘉祥《三论疏》自扶桑传来，梅撷云居士见而爱之，玩味不释手，遂将论、疏二本纂合锓板，俾世之学者由此证入般若波罗密门，则知如来心传，不即文字，不离文字。与其苦参一句无义味语，谓之教外别传，何若快读此论此疏，如清凉水，洗涤尘垢，一旦豁然透脱，即证择灭无为，较之禅家所证非择灭无为出百法明门六种无为之二，岂有二哉？

《成唯识论述记》叙

性相二宗，有以异乎？无以异也。性宗直下明空，空至极处，真性自显；相宗先破我法，后彰圆实，以无所得而为究竟，乃知执有执空、互相乖角者，皆门外汉也。唐以前，相宗典籍未被东土。自玄奘法师西游印度，而后唯识一宗辉映于震旦矣。有窥基法师者，奘公之高弟也，亲承师命，翻译《成唯识论》，会萃十家而成一部，并以闻于师者，著为《述记》。学相宗者奉为准绳，迨元季而失传。五百年来，无人得见，好学之士，每以为憾。近年四海交通，得与日本博士南条上人游。上人以此书赠予，金陵讲经沙门松岩见而心喜，亟募资锓板，扬州观如大师愿任其半。未及竣工，而观、松二公相继西逝。江表缁素，踵而成之。嗟乎！此书失之如此其久，得之如此其难，而倡刻之人皆不见其成，以是见唯识一宗流传于世，非偶然也。后之览者，其勿等闲视之！

《普贤菩萨圆妙方便总持法门》叙

显宗居士者，故友曹君镜初之法号也。遗箧中得其所著书若干种，内有《普贤菩萨圆妙方便总持法门》一卷，其子咏香赍以示余。余受而读之，叹曰：此真所谓“拈一茎草作丈六金身”者乎！夫牙牌者，戏具之小焉者也。居士即以普贤乘六牙象目之，因而畅演十法界、六波罗密、五时八教，参互错综，贯摄于三十二支之内，顿使支支点点放光动地，炽然说法，无有间歇，而众生现前受用，不闻不睹，惟应度者乃能知之。尝思《华严》、《法华》等经，真俗融通，理事无碍。昔李长者以卦象释义，藏国师以金狮说法。今曹居士以牙牌示象，推而至于一草一木、一棒一喝，莫不皆具法界体用。后之作者尘说刹说，海墨书而不尽，其以是为嚆矢也夫！

《大宗地玄文本论略注》自叙

《大宗地玄文本论》建立金刚五位：以众生无量劫来业果相续，

非三僧祇修证之功不能尽除，故立无超次第渐转位；以众生一念相应即同诸佛，故立无余究竟总持位；以众生心含法界，普融无尽，故立周遍圆满广大位；以众生念念著有，违解脱门，故立一切诸法俱非位；以众生弃有著空，趣于断灭，故立一切诸法俱是位。上之五位为佛法之总纲，摄尽一切破障法门，该括一切称性法门，纤毫无遗。若明此义，则谈宗谈教，说有说空，皆不相妨，何有分河饮水、互相是非之弊哉？奈何千余年来无人提倡，遂使无上妙法秘而不宣，诚不解其何故也！或以论中名义玄微，皆是法身大士行相，非凡位所知，师家艰于应对，故不以此论示人。然一切悉知，必至佛果，等觉以还，随分演说，不害其德望也。儒门所谓“知之为知之，不知为不知，是知也”。会窃取此义，略加注释，所未知者断不强解，庶几后学得一隙明；或有利根上智，顿入甚深法界，彻底通达，是所望也。其文义明显者亦不诠释，阅者自能领会耳。

高丽古藏作二十卷，与《起信论·序》相符，宋元藏皆未收入，明藏作八卷，复并作四卷，今从之。

此论穷微极妙，专接利根上智，兼为凡小权渐之机作一乘胜因。伏愿见者闻者，熏习成种，久久纯熟，心光发宣，即能顿入金刚信位，圆修圆证，五位齐彰，与论主大愿、注者诚心，交光相罗，如宝丝网，辗转开导，无有既极。

《释摩诃衍论集注》自叙

翻译《释论》，当在译《大乘起信论》之后，因本论全文与真谛所译相同也。卷首题姚秦时译，误矣！隋唐五代未见流行。永明禅师作《宗镜录》，始引此论。至辽时大显于世，疏、记、钞相继而出。考《至元法宝勘同录》，尚有《释论》十卷，而疏、记、钞久佚矣。近时从日本传来，亟欲刊行，而科文繁多，恐后人疲于心力，转令本释二论不能精究，因摘其要言，注于《释论》之内，科文一概删去，如肇公注《维摩经》之例。另有《圣法记》数纸，作时最先，亦摘录之，以成善本。谨案：先生拟辑是书，未遑属稿。今可见者，仅此叙文，惜哉！——编者识

《佛教初学课本》自叙

《释教三字经》者，明季吹万老人效世俗训蒙之书而作也。敏修长老为之注释，流传二百余年矣。顷者普陀印光法师从而新之：正文改十之三，注释改十之七，原本编为两排者改而为一排。考据精详，文辞圆润，超胜旧作。而题名之处，不将重订者列于其次，可谓坦然忘我者矣。予不揣固陋，率尔改作，与新旧两本迥不相同，事略而法备，言简而义周，人有劝予易其名者，因名之为《佛教初学课本》云。

《道德经发隐》自叙

憨山清禅师解《道德经》，历十五年方成。虽与焦弱侯同时，而弱侯未之见也，故其辑《老子翼》，阙憨山解，诚为憾事。弱侯所采凡六十四家，后解之者更有多种，故经中奥义发挥殆尽矣。予阅

《道德经》至“出生入死”一章，见各家注解无一合者，遂以佛教义释之，似觉出人意表。复益二章，总《阴符发隐》梓之。或问：孔子既称老子为犹龙，何以其书不入塾课耶？答曰：汉唐以来，人皆以道家目之，不知其真俗圆融，实有裨于世道人心。若与《论语》并行，家弦户诵，则士民之风当为之一变也。

《冲虚经发隐》自叙

列子书八篇，唐时尊为《冲虚经》，与《道德》、《南华》并重。注《道德》者多于《南华》，而注《冲虚》者特少。在晋则有张湛，在唐则有卢重元，此二种现行于世。考书目所载，有唐殷敬顺、宋江遹二解，求而未得也。甲辰夏，索居避暑，取《列子》读之，妙义显发，多出于张卢二家之外，如开宝藏，如涌醴泉，实与佛经相表里。信笔直书，得四十二章，约计全书三分之一，因名之为《冲虚经发隐》云。

《南华经发隐》自叙

太史公言庄周作《渔父》、《盗跖》、《胠箧》，以诋訾孔子之徒，以明老子之术。岂知《渔父》、《盗跖》皆他人依托，大违庄子本意。观其《内篇》推尊孔子处，便可知矣。司马氏不于《内篇》窥庄子之学，而据伪撰以判庄子，宜其将老庄申韩合为一传也。至唐初尊之为《南华经》，而作注解者渐多，唯明之陆西星、憨山清二家以佛理释之，憨山仅释《内篇》，西星则解全部。今阅二书，犹有发挥未尽之意，因以己意释十二章，与古今著述迥不相同。质之漆园，当亦相视而笑。尝见《宗镜》判老庄为通明禅，憨山判老庄为天乘止观。及读其书，或论处世，或论出世，出世之言，或浅或深，浅者不出天乘，深者直达佛界，以是知老、列、庄三子，皆从萨婆若海逆流而出，和光混俗，说五乘法人乘、天乘、声闻乘、菩萨乘、佛乘，能令众生随根获益。后之解者局于一途，终不能尽三大士之蕴奥也。

重刊《净土四经》跋

予初闻佛法，惟尚宗乘。见净土经论，辄不介意，以为著相庄严，非了义说。及见云栖诸书，阐发奥旨，始知净土一门普被群机，广流末法，实为苦海之舟航、入道之阶梯也。无如兵燹之余，仅见小本《弥陀经》，而于大本《无量寿经》及《十六观经》，迄不可得。适来金陵，获见此本于王君梅叔处，觅之数年者一旦得之，喜出望外。此本为邵阳魏公默深所辑。魏公经世之学人所共知，而不知其本源心地净业圆成，乃由体以起用也。世缘将尽，心切利人，遂取《无量寿经》，参会数译，删繁就简，订为善本，复以《十六观经》及《阿弥陀经》、《普贤行愿品》，合为一集，名曰《净土四经》，使世之习净业者，但受此本，无不具足。自逆匪窜扰以来，其板想不复存。今者广募信施，重锓梨枣，庶几魏公一片婆心，末学咸受其惠。伏愿世间修佛乘者，毋于净土便生轻慢。须信念佛一门，乃我佛世尊别开方便、普度群生之法。傥不知其义旨深微，但能谛信奉行，自有开悟之期。知其义者，正好一心回向，万行圆修，转五浊为莲邦，证弥陀于自性，是则予之所厚望焉！

《华严一乘十玄门》跋

华严大教，阐扬十玄门者，此为鼻祖。贤首仍之，载于《教义章》内，大意相同，而文有详略。及作《探玄记》，改易二名，用一华叶演说，为清凉《悬谈》张本。后人不知，以为清凉十玄，与贤首有异者，盖未见《探玄记》也。今《教义章》与《悬谈》并行于世，而复刻此卷，欲令人知其本源耳。

《起信论疏法数别录》跋

上依《百法明门论》。唯识一宗，名相繁多，慈氏菩萨所说《瑜伽师地论》有六百六十法，天亲菩萨约之为百法，即此《百法明门》也。《起信论》虽专诠性宗，然亦兼唯识法相，盖相非性不融，性非相不显。故特录《百法》于篇末，庶易检寻焉。

《起信论真妄生灭法相图》跋

马鸣大士撰《起信论》，贯通宗教，为学佛初阶，不明斯义，则经中奥窔无由通达。贤首国师特为造疏，判属大乘终教，盖下接小始，上通顿圆也。慈云灌顶法师总括论义，辑成一图，真妄诸法了如指掌。长沙曹显宗居士复加参订，俾教网脉络毫发无遗，可谓精益求精，简而又简矣。爰附刊于论疏之后，以广流传焉。

《西方极乐世界依正庄严圆图》跋

昔善导和尚画《净土变相》三百余壁，岁远年湮，不可复睹。近代彭二林居士绘《极乐庄严手卷》，系以诗偈，予曾见之，叹赏不置，然篇幅甚长，未便悬供也。有拙道人者，专修净业，雅尚莲宗，见南北丛林所刊《极乐图》未臻精妙，乃考《净土三经》，参以《造像量度》，选择良工，绘而刊之，时在同治癸酉岁也。五年之间流布二千余幅，板渐销磨。道人慨然曰：此图之出，启人净信者多矣。然作者之心犹有进焉。于是转方广为圆融，现毫端之宝刹，大含细入，隐显交参，以重重无尽之心，写无尽重重之境，脱稿成于匝月，开雕竣在期年。一佛当阳，现万德庄严之报相；群生皈命，遵十方交赞之深经。其托质莲池者，有少有长，顺凡情也。克实而论，六道往生，女转为男，老变为少，永无衰耗之相。又其中菩萨、缘觉、声闻为上首者，略标九品。复有初出花胎、未入圣位者，不妨权现人天相也。他如经行坐禅、诵经、听法，或在地上，或在虚空，有从他方飞身来者，有从空中化身去者，神用无方，略见一斑也。楼阁栏楯，行树罗网，宝幢幡盖，水鸟光明，随方点缀，以表《无量经》中备言娑婆极乐苦乐之相及两土修行难易差别。弥陀本愿有云：十方众生至心信乐，欲生我国，乃至十念。若不生者，不取正觉。今成佛以来已十劫矣。此愿非虚，切宜谛信。若夫利根之士，高谈性理，轻视莲邦，是皆未达空有圆融之旨，弃大海而认涓滴者也。当知一真法界，迥绝思议。以言其体，则纤尘不立；以言其用，则万有齐彰。娑婆既唯心所现，极乐岂外乎唯心？是故上品者圆证无生法忍，以其解第一义也。即中下之流，信心坚固，愿行纯笃，但得往生，径登不退，无始轮回，一朝永断，岂不截然大丈夫哉？画者山阴张益，刻者丹徒潘文法也。

《西归直指》跋

玉峰周安士先生著述传于世者，计有四种：一曰《阴骘文广义》，二曰《万善先资集》，三曰《欲海回狂》，四曰《西归直指》。凡有见者，莫不欢喜信受。以故各处刊板，流通最广。《西归直指》一书，经吴门江铁君删改，非复周氏原制。江君以为《纲要》一卷，撮举王龙舒所辑《大弥陀经》及四十八愿等，今已先将魏译《无量寿经》及二林居士所著论，合刻流行，则《纲要》可以不列。不知周氏此书，全从各家撰集中摘来，若以他本所有者概不重出，则此书不至删除净尽不止也。今于虞山朱君保之处，得胜莲居士施刻原本，见者庆喜无量，咸谓周君愿力所持，特留此本嘉惠后学也。亟授手民，以复旧观。周君有云：愿将东土三千界，尽种西方九品莲。惟冀辗转流通，以相传于无穷耳。

书《起信论海东疏记》后

尝考《传记》，义想与元晓入唐参禅，晓公悟唯心之旨，中途而返；义想宋传作湘就学终南，岁久方归。贤首作《华严探玄记》寄之，想公命弟子分讲，大阐华严宗旨。又考《诸宗章疏录》，载元晓著述四十七种，而义想仅一卷耳。及见日本大安所作《海东别记序》，称元晓与法藏同受学于至相之门，始悟义想元晓一人也，如此方称憨山德清、蕅益智旭之类。后人不察，歧而二之，误矣。宋赞宁作二公传，恍忽离奇，尤不足信。因校疏记，并以识之。

书《华严念佛三昧论》后

彭二林居士撰《华严念佛三昧论》，以五门分疏，可谓尽善尽美矣。唯后之《问答》第四章内谓："方山吃紧提倡，在十住初心，即成正觉。若依自力积劫熏修，程途尚远。"此语与华严圆顿门似觉有碍。何则？方山宗旨唯是一时一处法门，不立日劫远近之见。二林见地圆明，当不至以时量为实法，想是偶失检点耳。

书《居士传·汪大绅评语》后

《居士传》内《汪大绅评语》，直截痛快，实具宗匠手眼，但其中每引程朱为契合，似觉不类。度其意，无非欲引理学家究明心宗耳。然理学家既宗程朱，决不信有此事。是汪君援引之意，不能令儒者生信，反令儒者易视禅宗，以为不出程朱心学矣。甚哉！立言之不可不慎也！予愿他日重刻此传，将评语内与儒家牵合者节去，未始非护法之一端也。

等不等观杂录卷四

大藏总经目录辨

尝见行脚禅和，佩带小摺经目，奉为法宝。阅其名目卷数，与藏内多不相符，欲究其根源而未得也。一日检《西游记》，见有唐僧取经目次，即此摺所由来矣。按《西游记》系邱长春借唐僧取经名相，演道家修炼内丹之术。其于经卷数目，不过借以表五千四十八黄道耳，所以任意摭拾，全未考核也。乃后人不察，以此为实，居然钞出刊行，广宣流布，虽禅林修士，亦莫辨其真伪，良可浩叹。余既知其源流，遂记之以告夫来者。

一藏数目辨

今时僧俗持诵经咒，动称一藏。问其数，则云五千四十八也。尝考历代藏经目录，惟《开元释教录》有五千四十八卷之数，余则增减不等，至今乃有七千二百余卷矣。世俗执著五千四十八者，乃依《西游记》之说耳。夫持诵者，量自心力，如法定数：或以一百为藏，表大乘百法也；或以五百为藏，应五位进修，有五百波罗密也；或以一千为藏，显百界千如也；或以三千为藏，阐三千性相也；或以五千为藏，以五百波罗密，一一具十也；或以一万为藏，乃万德齐彰也；或以八万四千为藏，转八万四千尘劳，成八万四千法门也。上来广略多般，行之均合教意，又何必专依丹书黄道之数为定法耶？

评《佛祖统纪》

宋僧志磐所作《佛祖统纪》，收入《大藏》，流传已久。予阅之，觉其尊崇本宗，实有违乎佛祖之本意也。夫瞿昙舍金轮王位而作沙门，是弃世间之荣，而就山林之寂也。传其道者，莫不皆然。而志磐立一派以为正宗，作本纪，尊之为帝王；近支谓之旁出，作世家，尊之为诸侯；远支作列传，等之于士大夫：《佛祖世系表》内之祖，十四祖以下，反同旁出，全是世俗知见。自迦叶受佛嘱付而为初祖，历代传衣，至曹溪而止。此三十三代，皆从灵山会上一时印定，法身大士应运而出，主持正法也。今志磐以“慧文大师遥宗龙树”一语，遂将后之十九祖判为旁出，稍知佛法者断不出此。近闻台家后裔欲续《统纪》，自四明以下立一正宗，接至近代，以本纪尊之。无知妄作，至于如此，尚得谓之如来真子乎？

其贬贤宗，则曰有教无观；其贬慈恩，则曰立义疏阔。自□□以降，四明以还，其中平平无奇者，亦尊为正统。若不论道德而论世系，则禹汤之传而为桀纣，文武之传而为幽厉。谨

案：原稿附此数语，似欲增入前文而属稿未竟者。今亦照录于此，以存其真。——编者识

评《楞严指掌疏》

《楞严经》以阿难示堕发起大教，专为正路修行人欲漏未除者作榜样也。若为邪僻之徒，寻常教诫，不一而足。《指掌疏》以“诈现威仪”等语贬斥阿难，大失经意。盖误堕之由，非阿难起意贪欲，乃摩登以咒摄入。若非阿难正直，则摩登以色勾引已足，何待咒摄？阿难内心清净，未动淫念，但力不自由，难以摆脱耳。

评《阿弥陀经衷论》

此论宗旨，在闭关念佛、现证三昧也。省一大师所证之定，古人往往有之，不以为奇。修般舟三昧者，更胜于此矣。盖般舟三昧以九十日为期，不坐不卧。初入关时，七日之内，必得三昧现前。以后八十余日，常在三昧中精进行道，所以不疲也。倘七日不得，必不能勉强撑持，所以今时无有能行之者。以省公所证，称为根本三昧，似觉太高。夫根本三昧，必至初住地位，始能称之。又以澍公所证，称为究竟三昧，则更过矣。澍公以持咒之力，得一种通慧，亦精诚所感耳。若云究竟三昧，必至佛地方能称之，等觉以下所证之法，皆不能称为究竟。且澍公所证，非净土法门，若回向净土，方能往生；若不回向，仍在人天受生，或进或退，未可料也，岂得判为声闻极果？震旦国中，凡夫而现证四果者，未之前闻也。自西竺来

者，除迦叶摩腾外，余仅三果耳。应化菩萨往往有之，不在此例。

《衷论》第三十二页云：由色界天以上，以次递上。复有四空天，统为无色界。以并无色身，惟有魂识如鬼神也。

无色界"惟有魂识如鬼神"之言，非也。盖鬼神亦有色身及境界相，彼此互见。非如无色界，但有空定而无身境也。

《衷论》第三十二页又云：六欲天之下，复有地居三天；以次递上，复有空居一天。空居天以上，即欲界之初天矣。

"空居天以上，即欲界之初天"，误矣！按经说：四天王天是欲界之初天，居须弥山腰，忉利是欲界之二天，居须弥山顶，并以上之空居四天，共为欲界六天。

《衷论》第三十二页又云：惟修罗王执持世界，力洞无畏，能与梵天及天帝释四天争权，惟修天福，不修天慧。其所卜居，邻于日月。

修罗不能与梵王争权，仅能与帝释四王争权耳。"其所卜居邻于日月"，四王之境也。

《衷论》第五十二页云：权戒者，惟持具戒，不能进修三福也；实戒者，既持具戒，复进修三福，如《观经》所陈也。权定者，惟能终身念佛，未证一心不乱也；实定者，闭关专念，现证一心不乱，内则伏除见思二惑，外则面见阿弥陀佛依正庄严及十方诸佛也。

权戒云惟持具戒，不修三福。戒有止作二持，若止而无作，即缺一边，何得谓之具戒？又以未证一心者名为权定，误也。岂有散乱心而名定者乎？“伏除见思二惑”，谈何容易？若思惑除尽，即证阿罗汉果，三明六通，具八解脱。六通，人所能见。若不具六通，而云思惑除尽，即是大妄语，当堕地狱。

《衷论》第五十三页云：心业既在，虽获往生，终非净土之究竟。故本经所示，惟得谓之权定也。

此盖不深究经文，而以己所证者驾于经文之上，已犯慢经之过。当知经中所言“一向专念”，即是一心不乱，若非一心不乱之极致，何能得上辈生？上辈生者，见佛之时，即证圆教初住位。又“心业犹在”一语，亦欠斟酌。心业者，根本业识，从初信渐除，至等觉位方能除尽。而谓证一心不乱者心业已亡乎？

谨案：原稿未录《衷论》本文，但标页数、行数。今为补录《论》文，略去行数。其所云第几页者仍依原稿。盖据扬州流通本云。——编者识

评《金刚直解讲义合参》

此本以莲池解为主。莲池实无此解，乃浅见之徒作此俗解，假托莲池之名，以诳惑世人耳。至于采录诸家，大都出于五十三家

注，而真正发挥《金刚》妙义者，此本未尝采录。可见纂辑之人只宗俗解，而不知正解。若执此本以求佛法，远之远矣。

评方植之《向果微言》

方君自命通儒，每以尧、舜、孔、孟、周、张、程、朱并称为道统之正宗，而以佛学迁就，断章取义，改变文辞，谓与圣学相同，不但不通佛理，抑亦不识儒宗也。孟子尚不能与孔子并称，何况宋儒？宋儒性理之学自成一派，不与孔子一贯之旨相同。所谓穷理者，正是执取计名二相也。推尊孟子，与孔、曾、思同列，取其求放心、善养气、道性善、称尧舜，不知孟子我执未破，离孔、颜尚隔两重关。何以知之？即就“万物皆备于我”一章，便可知也。或以此我字是常乐我净之我，非七识所执之我。再就“说大人则藐之”一章，便晓然矣。盖孟子才智过人，又能用功，一旦六识开豁，透第一关，大末那识现前，即是总相主宰，庆快平生，所以有“乐莫大焉”之语。若在孔子门下，立刻抉破，令其亡我，透第二关，便能虚心用功，再求进步，向八识上破一分无明，根本智现前，则三关齐透，与颜、曾诸人并驾齐驱矣。至于周、张、程、朱心学分际，仅在明了意识上用功，初关尚未破，其“寂然不动，感而遂通”之说，皆是静中景况。若果与佛法无异，早已六通具足，断不说无轮回矣。今方氏将佛家实效尽行抹煞，单取性理之言，与儒家拉杂凑泊，非赞佛也，实毁佛也。若佛法仅与宋儒相等，则过量英豪，谁肯舍身命以求之？故知此书流布世间，非特无益于佛学，而且有损于佛学，不能令人生难遭之想也。又其中每以儒佛二教皆出于天，忽有以天教压之者，则无出头之地矣。

评日本僧一柳《读观经眼》

大著以三镜喻眼，取譬甚巧。得在是，失亦在是。夫显微镜与望远镜，盖因折光反射而成倒影，如昆虫之头本向上，而镜中则向下；新月之缺本向东，而镜中则向西。且因显力展大，能见一段，而不见全体，如昆虫见其尾，则不见其头；新月见其缺，而不见其边。有智之士，知其倒影在镜，而即知物之正形，知其所见少分，而即知月之全体，决不执定倒与少，而辟正与全也。至于青色镜之喻，其青在镜，而不在物。以青镜视物，则物物皆青，而不能得物之正色。须以自己正眼视之，以正智照之，则物之正形全体，本色毕露，而不为镜所改矣。然则三镜皆不可用乎？曰：非也。是在善用之而已。善用者，镜为我用，而我不为镜用。物之微者，以镜显而大之；物之远者，以镜摄而近之；日光耀目之际，以镜减而暗之。如是，便无失而有得，则亦庶乎其不差矣！

《观经》末云："佛告阿难：汝好持是语。持是语者，即是持无量寿佛名"。"好持是语"一句，嘱其持上文所说之观法，即是持无量寿佛名一句，明观想与持名互摄也。佛恐后人视观想与持名判然两途，故作此融摄之语以晓之。善导谓望佛本愿，意在专称佛名。若执此以为定判，则佛所说观法翻成剩语。且佛傥专重持名，而告韦提希以观想之法，是心口相违也。凡夫且不出此，而况于佛乎？至于像观、真身观之念佛三昧，即是结束本文之观法。如必欲判为称名之念佛，则与上文不贯，译经者断无如是之错谬也。

评日本僧一柳《纯他力论》

纯他力教，一家之私言，非佛教之公言也。请以经文证之：《大经》明三辈；《观经》开九品；惟修观者别为一途，而论观行之浅深，亦入三辈九品中摄。贵宗概以自力弃而不取，另立一种往生之法，以驾于三辈九品之上，名曰纯他力教。此乃贵宗独创之教，非通途之教也。盖佛教所说接引往生，皆是他力之教，而仍不废自力。废自力，则有无穷过失，已于《真宗教旨》内辩之详矣。夫以自力往生，必至圆初住别初地而后可。凡夫往生，全仗佛力，而以自力为阶降之差，此千古不易之定论也。倘不以为然，则亦各行其是而已。

答释德高质疑十八问

问：志公、永嘉皆言："恰恰用心时，恰恰无心用。无心恰恰用，常用恰恰无。"在吾人空寂之体，以心为用。夫既曰"恰恰用心时"，何以又曰"无心用"？则用者宁非心乎？既"无心"矣，又言"恰恰用"，夫心既无，又以何者为用哉？既"常用"矣，又曰"恰恰无"，则常用者复是何物？似此即用即无，不立心相，即无即用，不是无知。此处不明，而言用心不用心，皆是妄作，但其中关捩子，究何所据而为日用？望详切指迷，庶明自本心，方可见自本性也。

答：志公、永嘉均是法身大士，与凡夫相去天渊。观永嘉答六祖云“分别亦非意”，六祖即赞“善哉！”可见所用之心，不但超过凡夫，亦且超过二乘矣。君以现前明了意识为心，正《楞严经》中所破斥者，无怪乎凑泊不上。当知志公、永嘉已转八识成四智，非特近时浅学宗徒不能领会，即宋元以来名重一时者亦难企及。欲问日用，是罢参以后之事。傥牢关未透，亟须离心意识参，绝凡圣路学，庶本心可明，而本性可见矣。

问：经言“真妄同源”，忠国师又谓“真心妄心，名同体异”。究竟真妄之体，是同是异？若言是同，何以有真有妄？若言是异，究于何处异起？况真如性体，乃一真法界，无二无杂，此个妄心，究从何而生？因何而有？敬求指示端倪，免成铸错。

答：真妄二字，皆是假名。因妄言真，妄既非有，真亦不立。若妄有根源，生相可见，则不得谓之妄矣。

问：魏府老洞华严云：“佛法在吃饭穿衣处，屙屎放尿处，应事接物处，若生心动念即不是。”《金刚经》又云：“应无所住而生其心。”六祖亦云：“不断百思想，对境心数起。”夫应事接物等，若不起心动念，何以能到恰好去？魏府言不是，固为珍重向上不动尊，但与《金经》、六祖有似相违。学者于中如何取则，始得握住定盘针，使动静不至走作？惟望明示指南。

答：三处所说，皆明当体全真之义，以生心动念，即乖法体。无住生心者，照体独立，不涉思惟也。六祖二语，分别亦非意也。魏府言不是，与《金刚》、六祖全不相违。此等语句，须是证到深处，方能亲见佛祖机用。

问：根尘相接，能分别，能了明，智与识莫不皆然。当根尘瞥然相值之际，此分别了明者，般若与昭灵混作一起，究竟孰为智？孰为识？若辨析不清，即奴郎错认。望施鹅王择乳之能，指抉的当，以为后学明导。

答：根尘相接，能分别明了，智与识大不相同。识则随物转，智则能转物。观六祖风幡语，便可知矣。般若与业识，从来不相混。众生迷惑颠倒，隐覆真实，而成妄识；智者彻悟自性，一切施为，无非般若妙用。岂有纤毫业识与般若作对哉？

问：人死则四大分离，色身变坏，其中并无所谓我者，何以而有中阴之身？此中阴身，是我乎？非我乎？究由何而成耶？且既有中阴身，而法身又何在也？请示事理究竟。

答：现前四大色身，即是法身所变。经曰：法身流转五道，名曰众生，不待坏时方知无我，即强盛时，亦无我也。我者，凡夫妄执也。生前既妄执我，死后亦妄执我，犹之生也。若非法身常住不灭，何得有中阴身？又何得有后世耶？

问：生死根本者，业识也，但真如性体，究竟无朕，此个业识，于何地容受？于何处发生？于何时成就？请抉其根源，俾后学知脱生死窠臼。

答：真如在缠，名为如来藏，不变随缘，而有无明业识。随缘不变，虽有无明业识，而体性清净。经中每称"无始无明"，若无明有始，则涅槃有终，与一切经论皆不合。《心经》云："无无明，亦无无明尽。"乃是般若部中究极之谈也。

问：空心静坐，六祖所诃；默照邪禅，妙喜所斥。然则坐香时如有心，则带起乱想，而难得寂静；若无心，又堕入阴界，为诸祖所诃。必如何作活计始得？请明示机缄！

答：坐禅之法，门径甚多，有世间禅，有外道禅，有次第禅，有圆顿禅，有祖师禅，有如来禅。若空心静坐、默照邪禅，皆是外道禅也，离佛法悬远。僧徒学禅，必揣其根器利钝，于出世四种禅随宜学习。不依古法，能透禅关，无有是处。

问：夫"识心达本，明心见性，唯心为王，即心是佛。制心一处，圣人求心"，乃佛祖语也，心之所以为贵也。而"心是工伎儿，心不是佛。损法财，灭功德，莫不由此心意识。离心意识参，难得无心道人"亦佛祖语也，又视心为贱矣。是心也，执之，斯结想成色，为幻妄之根；去之，又蠢然不灵，即同于木石。必如何不坏身心相，而得见本来？况不有此心，则见性将从何而见？参悟从何而参？所谓“取不得，舍不得，不得之中恁么得”，此宗乘之枢纽、体道之奥窍也。此若分疏不下，终必居于惑地。然则，心之所以为心，究系若何？请指示机括，使后学直下分晓，不至有歧途之泣。

答：心有真有妄，《楞严经》二种根本最为分明。即心是佛者，真心也；心不是佛者，妄心也。心、意、识三者，八识、七识、六识也。离此三识，便见本性，所以谓之“无心道人”。尊意或执或去之心，皆六、七二识，于第八阿赖耶识尚未体会，何论如来藏心？初参时用此妄心，参到无知无识田地，妄心不行，愤起根本无明，蓦地掀翻，彻见本源性地，非此妄心所见也，乃大死大活，无纤毫障翳，强名为见也。

问：经云：“若能转物，即同如来。”只如三门外石法幢，物也，如何转法，同于如来？请明示法要。

答：古德云：“转得山河归自己，转得自己归山河。”又云：“老僧转得十二时，汝诸人被十二时转。”又云：“拈一茎草作丈六金身，拈丈六金身作一茎草。”皆转物之义也。若不明此义，无论门外石幢，即手中柱杖拂子，均被他转矣。又依教义：罗汉得六通时，地水火风空，皆能转变自由。菩萨神通过于罗汉，见山河大地皆如幻影，芥纳须弥，毛吞巨海，亦寻常事也。

问：唯识家言，“阿赖耶识为真妄和合”。即今谛思，真如性海，无二无杂，寂静如虚空，坚密胜金刚，于何处容受此妄？

且妄乃虚幻之相，于天真佛性又何能和合得入？况和合则真妄角立，第一义中无此二法。若谓不和合，如来有言：“汝一动念，尘劳先起。”每于根尘相接时验之，当境物倏然值遇，妄即瞥然而兴，旧习宛然，如电光石火之捷速，不可穷诘。究竟此妄如何而有？如何而来？如何而发？如何而灭？如何混真如用？如何作生死本？求其根源体性，总属茫然。设一辨认不真，则起足下足无非错也。敬求不吝慈悲，垂语道破。

答：君言境物值遇时，妄即瞥然而兴，岂知不接物时，妄亦未曾息灭，如平水暗流，人不能见。古德大彻之后，求丝毫妄念不可得，所以在婬坊酒肆中游行，人问之，则曰：“我自调心，非干汝事。”虽终日应事接物，而不见有动相也。真妄和合之语，依生灭门说也。若依真如门说，妄本非有，真亦假名。众生则全真成妄，菩萨则了妄全真，如来则即妄即真、非妄非真。君以容受和合为疑，乃是凡情计度，于佛法全无交涉也。

问：身与心是一耶？是二耶？如人身患病，此病到心不到心？如言到，夫心虚而无相也，四大有形之病，何能害及空寂虚体？若言不到，当痛深痒剧之时，心即为之昏迷颠倒，苦楚欲死，不得谓之无相干涉也。然则心之所以为心，究系如何？身病究竟能否涉入此心而为过患？望抉所疑，俾知心要。

答：阿赖耶识变起根身器界，山河大地皆是心变，何况自身？妄心局于身内，真心则非内非外非中间。君所言之心，全是众生妄心。妄心随境转，所以昏迷苦楚、不能自由也。

问:《圆觉》云:"于诸妄心,亦不除息。"夫真心本无妄也,有妄即染污,实为真源眚翳,若欲起心除息,则一妄未去,二妄又成,不二门中,无如是事。若总不除息,听其横流,即日在妄中,而业识茫茫,无本可据,则又非也。吾人所以不能返本还源者,妄累之也。除之既增病,任之又成迷,必如何使心得清净而无障碍?尚望肩荷大法者不吝明诲焉。

答:《圆觉经》有四句,初句"居一切时,不起妄念"。君略初句而拈二句,所以不能通也。若无初句,则下之三句皆不应理,因初句已证,则下之三句,便如六祖所言"不断百思想"等句也。又,初句破妄显真,十住法也;二句了妄即真,十行法也;三句回真入俗,十向法也;四句真俗俱融,十地法也。

问:经云"真心遍一切处",谓无知无不知也。如何往昔悟道祖师居庵内不知庵外事?究竟遍乎?不遍乎?望赐以定论。

答:悟道有浅深。浅者初开正见,尚未齐于乾慧,何能知庵外事?须与十信位齐,方能得六根清净,肉眼观见大千世界,非近世参禅人所能企及也。

问:古云:"无心是道,于心无事。"又云:"生心即犯戒,动念即破斋。"此际其严乎!故历代祖师训学人,多以无心无事为行履也。然又丁宁告诫:不可入无事甲,居阴界,在鬼窟里作活计。毕竟如何无心无事，始不入无事甲，不居阴界鬼窟？望大德抽关启钥，示以程途。

答：迷悟有别。迷中无心无事，即入阴界鬼窟；悟后，出息不随众缘，入息不落阴界。只论悟处真伪，不论有事无事也。

问：人于梦中所见人物，纷杂不一，而言论动作，宛然秩然，各各不同，似各有灵知自主之相。究竟与我是一是二？若是一，何以梦中彼人言语动作，与梦中之我迥不相侔？若是二，则梦中空洞晦昧，只有一独头意识自为起灭，别无他物也。是彼我一二，既难以区分，而知觉是非，又杂而不浑。这个闷葫芦，情形若此。究竟其理若何？请俯赐剖判，以作黑暗梦中明灯之导。

答：醒时梦时所接外境，皆是唯识所变。醒时所见，属八识相分，报境也；梦时所见，属六、七识妄缘，幻镜也。既能变自相，又能变他相，变幻极速，或有条理，或无条理，足征妄想之无主也。孔子答子路曰："未知生，焉知死？"今亦答之曰："未知醒，焉知梦？"

问：宗门下有电光石火之机，至捷速亲切，历代祖师传为家风，皆执之以为当场杀活正令。究之此一机也，于何处验之？于何处见之？学人如何体会，始得脚根点地，而为超凡入圣张本？古德公案，以何者为最亲切捷速？请拈示一二则，以直揭纲宗而益后进。

答:凡夫念念生灭,刹那不停。刹那,极促之时也,喻如石火电光。参学人用功得力时,忽然前后际断,彻见本来面目,即名"脚跟点地"。尔时缘心不续,便能保任此事。傥断而复续,仍须切实用功。大慧禅师所谓"大悟十八次,小悟无数"者,此也。师家勘验学人,用石火电光之机,使人不及起念,便能知其真伪;稍一涉念,便诃为"思而得,虑而知,鬼家活计"。古德公案本无定法,若以定法与人,醍醐变成毒药。请阅马祖接人机缘,便不落近时窠臼矣。

问:识有分别,智亦有分别。前人多以有分别属识,无分别属智,是否可为定论?且同一分别,如何是智,如何是识?其分途处、合辙处,究以何为界限?以何为着落?更于何地何时证其体性真假,辨其作用是非?设有毫厘之差,即有千里之谬。具精明眼者,必能抉择的当,使金鍮不相混也。

答:识之分别,凡情计度也;智之分别,性自神解也。根本智无分别,后得智有分别。若未得根本智,则分别全是识,非智也。因其比量与非量相滥,即名似比量,非真比量也。根本智,现量也。有真现量,便有真比量,决不流入非量。此即识智之分齐也。

问:心者,性之用也;知觉者,心之官也。故性体空寂,必藉心之灵知以为作用,所谓须臾不能离者也。乃历代祖师反贵无心,而又禁其不废功用、不入断灭、不同木石,则是无而不无，其密行妙旨究何在也？请示枢要，使参学宗徒敢于放胆休去歇去也。

答：君之所谓知觉，乃六识缘虑心也，非自性之真知也。真知即是无知而无不知。达摩答梁武帝云“不识”，即显示真现量也。孔子曰：“吾有知乎哉？无知也。”开迹显本之旨也。到此境界，儒释同源，诤论都息矣。常用常寂，常寂常用。正当知时，不违无知，非无知之外，别立有知也。

以上数则，皆学人疑处。大善知识如不吝慈悲，逐条剖示，请笔之于纸，附邮寄示，开我迷云。俾得稍窥法要，不至错认定盘针，则感荷法施，永志不忘也。

统观质疑十八条，其弊有二：一者，错认六尘缘影为自心相，以为现前知觉之心，即是教外别传之心。若果此心即是祖师心印，何待达摩西来始传二祖，又何待五祖门下七百余僧众，独传一六祖乎？当知祖师心印，超越常情，非过量英杰，不能领会。近代根器浅薄，动辄以禅宗自命。究其旨趣，茫无所知，何论凡圣情尽、体露真常耶？二者但阅宗门语录，于经论未曾措心，不分解行，不明浅深，处处扞格，无由通达。欲除前之二弊，须将《大乘起信论》读诵通利，深究贤首《义记》。《起信论》者，马鸣菩萨之所作也。马鸣为禅宗十二祖。此论宗教圆融，为学佛之要典。再看《楞严正脉》、《唯识述记》。《楞严》、《唯识》既通，则他经可读矣。从前学禅见解一概丢开，俟经论通晓后，再看禅宗语录，自然处处有着落矣。

答廖迪心世臧偈附问偈

愿生极乐国，何法最简便？愿净娑婆土，何道最尊胜？在彼《华严经》，《普贤行愿品》，有人如说行，可以生极乐，可以度众生。是否此为上？有因必有果，佛说万法然。但此因果者，为以善恶判，为尚有他缘？若以善恶定，众生始何罪，而困于此苦？若不依善恶，而从机缘生，一切诸善法，不可谓资粮。即如读书论，此因生何果？设以所费时，而思维正道，或能得神通，是亦未可知。以此神通力，宜知世间法。今以参禅时，而勤读世书，其用未必多，而于道大害。于此疑惑结，惟愿为解说。《法华》与《金刚》，及以《华严经》，何经最殊胜？闻有真言宗，其旨为何等？达摩东来时，云曾传二书：一为《易筋经》，其一为《洗髓》。请闻其事实，又有《楞伽经》。与上三经者，云何而相比？佛制诸比丘，有病不服药。岂以服药因，不得病愈果？近今泰西医，考得诸疾病，多由微生物。佛制不服药，为恐杀微虫，抑尚有别故？昔释尊出世，当时天竺人，以比今支那，程度为何如？高僧得道人，于今遇见否？今时之佛法，在日本何如？像法昌隆时，支那之高僧，率居何等位？铜轮与铁轮，先生何所居？自迷而问他，神会所受责。若知解宗徒，非所敢自足。略举一二端，敬以质高明。

欲生极乐国，持名仗他力；欲净娑婆界，劝人常念佛。《华严·行愿品》，极乐为归宿。既得生极乐，必能度众生。因果自相感，定不爽毫发。欲知罪苦因，无明为根本。根本甚微细，习气成瀑流。

现前读书业，成就世俗谛。犹如虚空花，复结虚空果。翳目者妄见，净眼无所有。惟知无所有，而不著断灭。真性离有无，如如而应现。不嗔亦不贪，不取亦不舍。清净游世间，是谓菩萨道。若以名利心，与人相争竞，计较得失间，是则为粗行，非但障正道，实增无量苦。贪求神通力，恐被魔所牵。若欲通佛教，《起信论》为最。既通《起信论》，然后读《楞严》。此一经一论，简要便初学。《华严》与《金刚》，及以《法华经》，深奥难通达，久后方能读。欲知真言宗，是谓秘密教。大小三乘外，别为一法门。达摩从西来，不立文字教。末后传心印，唯指《楞伽经》。《易筋》与《洗髓》，皆后人伪作。医药疗众病，四供养之一。制僧不服药，佛无如是说。释尊出世间，圣哲同时生。灭度二千年，利根渐渐稀。今昔若相比，高下大悬殊。现前比丘众，参禅者最多。根法不相宜，得道甚为难。日本传佛教，共有十四宗。唯净土真宗，弘扬最为盛，纯提他力教，全废圣道门。与支那莲宗，判然分二途。在昔南岳思，自居铁轮位。天台智大师，唱言登五品。志公观音现，杜顺文殊来。此等应化尊，时时常出现。下凡与上圣，判若天渊隔。鄙人自忖量，名字位中人。循循依佛教，不敢欺自心。承君殷勤问，约略答如是。

印施《西方接引图》回向发愿偈

稽首无量觉，愿舒白毫光。普照法界众，念佛得清凉。现身行愿足，命终赴莲邦。尤恐宿障重，昏迷业力强。念佛因此阻，六道路茫茫。随业而牵往，升沉本无方，昏迷颠倒苦，何日睹觉皇？顶礼弥陀佛，观音大医王，势至诸海众，同垂大悲光。照诸昏迷辈，临终皆吉祥。身心俱在定，待佛驾慈航。接此念佛众，普载归西方。愿见此图者，敬礼不暂忘。平时观行熟，得回清泰乡。

等不等观杂录卷五

谢客启

鄙人性喜山林，不贪荣利。自二十七先君子弃世，家贫母老，无以为生，从事于宦途者三十年，内而吴楚，外而英法。公务之暇，游心释典。幸得一隙之明，遂以家事委诸儿辈。今年已七旬，精力衰颓，敬告新旧知交，权作谢客之计，及此桑榆晚景，借以校订深经，刊之印之，嘉惠后学，庶不负四十年来一片婆心耳。所有远方来函，概不作答，伏乞鉴原。

南洋劝业会开设佛经流通所启

性理之学，莫妙于佛经。佛经起自印度。迨东汉时，流传华夏，至今一千八百余载。沙门释子，代有伟人。宰官居士精通其义者，不可胜数。近时印度佛教衰微，三藏教典求而可得者，独中国与日本耳。兹逢南洋劝业会开从来未有之奇观，各省仕商云集，特将金陵、维扬、常州、姑苏、杭州等处新刊释典，择其要者，裒集一处，以应远方莅会诸君购阅。是则区区微忱，所蕲于向道之士也。

报告同人书

鄙人四十年来屏绝世事，专力于刻经流通，窃以弘法利生为愿。今垂老，尚有心愿中未了之事，一俟病体稍痊，当并日以进。用将大概，敬审我同会诸君。

一、编辑《大藏》《续藏》提要　经典浩繁，读者苦难抉择，今仿《四库提要》之例，分类编定，以便初学。

一、类别日本《续藏》刻本为《大藏集要》　日本现刻之《续藏》，搜求甚富。但其中须加区别，以归纯一。今拟分为三类：一必刊行者，一可刊行者，一不刊行者。甄定去留，使读者不至迷于所向，先刻成《大藏集要》约三千卷，以便学者随时购阅，余俟陆续刻成全藏。

以上二书，体例略定，尚未着手编订。期以数年，当可蒇事。此外尚有未竟之稿数种，亟须足成之。

一、《释摩诃衍论集注》

一、《瑜伽师地论》

上二书稿已过半，但搜葺诸家注说及点句会文，颇费心力。傥天假之年，当有观成之日也。

一、《等不等观杂录》　《杂录》约有百余页，原稿均散乱无序，略加编定，便可成书。

一、鄙人志愿，亟望金陵刻经处刻成全藏，务使校对刷印均极精审，庶不至贻误学者。至他处所刻未精之本，听其自行流通，本处概不与之合并成书。谨案:《大藏集要》一名《辑要》,见序例。至所云《瑜伽师地论》、《释摩诃衍论集注》稿已过半者,盖腹稿也。以先生晚年手颤,艰于握管,又无笔受之人,二书遂不传于世,至可惜已!——编者识

与释幻人书一

幻人法师出《法华经性理会解》并《或问》见示,书而归之。

捧读大著,于古今注释之外,别出手眼,诚为希有。但其中不无可商之处,略为大雅陈之。经中有法说,有喻说,有托事表法。弘经大士不可破事相,但须即事显理。《或问》篇中,"六种震动","宝塔高广","劫日长短"等论,均拂事相而谈性理,似于教义有违。夫地动之文,处处有之。师言"天翻地覆之势,人何能堪",是专就凡境而言也。《楞严经》中"魔宫隳裂",惟魔有神通,方能见之,凡人不见也。《维摩经》内"持他方世界,置于此土",彼界菩萨知之,凡夫不知也。以此类推,大地六种震动,亦唯得通人乃能知见,世俗凡人不知不觉也。宝塔高广,更无容疑。"于一毛端,现宝王刹"、"维摩室内,容无量座"、"芥纳须弥"等文,均是大小相入之理。至于"六十小劫,谓如食顷",亦是延促自由之法。《华严》"毗目瞿沙仙人,执善财手,经微尘数劫",亦此义也。大凡诸佛菩萨境界,不可以凡情难信,即拂事谈理。若并无其事,而结集者凭空铺叙以为表法,岂非如邱长春之作《西游记》乎?且神通亦非虚言,人天二乘菩萨如来皆有等差。如禅

宗所谓“神通并妙用，运水及搬柴”，乃指当人性德而言。头头显露，法法全彰，在天而天，在人而人，不向人道外别说神通也，其实天道神通远胜于人。推而至于妙觉果海，迥非世俗所能思议矣。受持《法华经》者，即父母所生清净六根，遂有六通之用。圆十信位，已能如此，若至初住，便能六根互用。《性理会解》引“恭禅师闻风刺叶声有省”，《东坡笔谈》悟互用之理，是谓“六即”中之“理即”。此经所说“六根清净”，已到相似之极，将入分证位矣，岂恭师、东坡见地所能比拟也哉？现前山河大地尽属假有，无非唯心所见，时劫迁流，生于行阴，是不相应法。若时量方量不破，欲其超脱轮回，恐难之又难矣。所以三藏教典，皆非凡夫意言境界，《法华》所谓“深固幽远，无人能到”者，此也。忝承垂问，敢献刍荛，不足当方家一笑。

与释幻人书二附来书

衲比年来之代诸长老座弘扬教典，自愧不胜，但依常规消文释义，有事谈事，有相说相外，始谈性理，盖欲三根普利，共证性天，未尝拂事相而谈也。至《或问》篇，特为执事相以诘难者辩耳，若但答以“佛菩萨神通境界，非凡人所知”等语，诚恐不足取信于人，又何能弘扬大教乎？故开方便门，示真实相，使迂拘之辈，知如来大教有喻说、托事说，不可执喻昧理，取事为实，认黄叶以为真金，舍醇醪而铺糟粕，庶几佛种不致断绝，如意宝珠，穷子自得。大教之弘扬，又岂外于是哉？衲于来教，深得一番领悟，敬为达者陈之。来教云："经中有法说，有喻说，有托事说。"善哉言乎！来教又云"'六种震动'，'宝塔高广'，'劫日长短'，以及'一毛端现宝王刹'，'维摩室容无量座'，'芥纳须弥'等文，均是大小相入之理。'六十小劫，谓如食顷'，亦是延促自由之法者。"此即喻说、托事之说欤？经云："普佛世界，六种震动"，下文即叙"尔时会中，四众八部，人、非人，及诸小王、转轮圣王，是诸大众，得未曾有，欢喜合掌，一心观佛"，此事相也。佛性人所同具，众生身心，即佛世界，一会大众，即普佛世界。大众见佛入定雨华，有所观感，欢喜合掌，一心观佛，非六根震动而何？会义亦表六根岂可拂经中之事相，而谈注家之事相乎？盖无主见者是非不辨，故随人转，如来所谓真可怜愍者。又经云："于此经卷，敬视如佛，种种供养，花香璎珞，末香涂香烧香，缯盖幢幡，衣服伎乐，乃至合掌恭敬。"下文又云："若经所在之处，皆应起七宝塔，极令高广严饰，不须复安舍利。所以者何？此中已有如来全身，此塔应以一切华香璎珞、缯盖幢幡、伎乐歌颂供养。"此经中事也。上文以种种物供经，下文以种种物供塔无异，足见经即塔矣。又《般若经》云："经典所在之处，即为是塔。"比《法华经》尤属显然。依经之事，表经中之法，有违教义否乎？又经云："六十小劫，身心不动，听佛说法，谓如食顷。"上文"六十小劫"，下文"身心不动"。"身心不动"，则六用寂然，六识亦不行。"劫波"，此云时分。时，识也。依此事相，表经之法。再者，"谓如"二字是相似语，执作实解，有违教义否乎？至"维摩丈室，容无量座"，"于一毫端现宝王刹"，"芥纳须弥"等文，是喻心量之广大，能收能放也。其可大可小，唯心量能之；物量大小有定，不能也。

若谓佛菩萨境界非凡情所测，按维摩丈室，毗耶离城，五印度境，一航可通，五印度之天地，与此土之天地无异，岂可指他方佛土言之？佛菩萨境界，亦是性土之谈。《华严》华藏世界及香水海，盖表如来藏性海耳。《楞严》云："如来国土净秽有无，皆是我心变化所现。世尊，我了如是唯心识故，识性流出无量如来。"如是，非器界明矣。一毫端现宝王刹，与《楞严经》如来妙觉明心遍十方界，含育如来十方国土，清净宝严妙觉王刹，是同是别？芥纳须弥，归宗曾答李翱，载在《语录》。今人不足信，古人有足征，非释家如是，儒家亦有此。《中庸》云："始言一理，中散为万事，末复合为一理。放之则弥六合，卷之则退藏于密。""藏于密"，芥子也。"弥六合"，纳须弥也。此理，性理也。诚如来教云："'一毛端现宝王刹'，'芥纳须弥'等文，均是大小相入之理。'六十小劫，谓如食顷'，亦是延促自由之法。"此理此法，与经书之理法，遥遥相对，妙哉！妙哉！此等文字，舍理法而作实解，何异世人看《西游记》，见孙悟空神通广大，拔一毛，口中嚼碎喷出，喝声"变"，即变无量孙悟空；耳中定海神针取出，叫"大，大，大"，即碗来粗细。此等文字，通人观之，尚明所喻，何如来大教竟如是观耶？古人谓"依经讲句，三世佛冤"，此冤竟不可解耶？岂不令人痛哭流涕哉？诚如来教所云："阿难结集，如邱长春作《西游记》矣。"来教又云："宝塔高广，更无容疑。"是对无信根者说。如良医治病，看症下药，断不以板方杀人。菩萨化人，亦复如是，着相者为说非相，着非相者为说实相，可谓妙于权矣。夫如来教典，故贵乎信，无信不入。故又不可不疑，无疑不悟，故大疑大悟，小疑小悟，不疑不悟，言从疑后翻成悟也。况信之一字，有邪正之不同耶？来教又云："神通亦非虚言，人天二乘菩萨如来皆有等差。如禅宗所谓'神通并妙用，运水及搬柴'，乃指当人性德而言。头头显露，法法全彰，在天而天，在人而人，不向人道外别说神通也。"善哉！善哉！如是，庞老之运水搬柴是，婆子之拈盏倾茶是。扩而充之，动作云为，无一不是当人性德神通矣。来教所云"头头显露，法法全彰"，岂不善哉？神通有等差者，由智慧有大小故。佛之智慧大，神通故大。菩萨智慧神通不及佛，二乘不及菩萨，天人不及二乘。然佛之神通又不在是。《法华》云："导师作是念，此辈甚可愍。如何欲退还，而失大珍宝。寻思时方便，当设神通力，化作大城郭。"由是观之，诸佛神通力，方便力也，所谓"佛菩萨境界，凡人不知"者，此也。著于事相，焉能见性？如经云：时诸四众，计着于法。阿难所集，契经也，不可作传记史书观。契，合于道也。道即性也，性即理也。见性始证道，证道必见性。古人云："离心谈法，无有是处。"故楞严会上诘责多闻，谓阿难忆持十方如来十二部经，清净妙理如恒河沙，只益戏论；《法华经》"长者密遣二人，共穷子除粪"：皆所以明三藏教乘，乃如来方便，顺众生性而说，不可执也。《般若经》云："如筏喻者，法尚应舍，何况非法？"此中实而权，权而实，三根普济，共证菩提，是佛菩萨境界，非沙门婆罗门、若天魔梵及余世间所及。来教云："三藏教典，皆非凡夫意言境界，《法华》所谓'深固幽远，无人能到'者是矣。"以上种种，《性理会解》已详言之，今因来教有得，重而申之，是一番提起一番新也。

捧读尊示，不惮详细开导，真可谓老婆心切矣。然鄙人有不能已于言者，谨复约略陈之。尊示"有事谈事，有相说相外，始谈性

理”。鄙见事相即是性理，事相说透，性理全显。是尊意分理事为二途，鄙意融理事为一致。尊意以大地山河目前万物为实有，鄙意以大地山河目前万物唯识所现，了无实体，不过同业妄见、别业妄见耳。若证实相，转变自由，一一无非真如妙谛，有何相而不破，有何性而不显耶？不然，虽高谈性理，只是第六识上所缘之影，了无实用，欲其横截生死，不可得矣。大小相入，长短相摄，超情离见之事，最微妙者也。胸藏万卷，听法忘倦，寻常意中之事，至浅近者也。尊意以经文所显微妙之法为黄叶，为糟粕，以后人所谈浅近之理为真金，为醇醪，安得谓之不断佛种乎？尊示所引经云：“若经所在之处，皆应起七宝塔，极令高广严饰，不须复安舍利”云云，此文显然以经与塔及舍利为三事，何曾说塔即是经耶？起塔之事，三世诸佛法中之常轨，所以供养生身舍利。经典是法身舍利，亦应起塔供养，非是后人无知妄作也。《金刚经》云：“经典所在之处，即为是塔。”令人尊崇经典，如尊崇塔也。若塔即是经，经即是塔，则言塔不必言经，言经不必言塔，何须两相比似也哉？大凡同是一物而有二名者，必不将二名互相比论，何以故？原是一物故也。凡有二名可以互相比论者，必非同体，何以故？定是二物故也。又尊示“时，识也”三字，未知出何典。鄙意但知识是心法，时是不相应行法。若时劫不能融通自在，依然被十二时转，何能转得十二时耶？尊示“可大可小，唯心量能之；物量大小有定，不能也”，此真所谓心外有法矣。大而天地日月，小而纤芥微尘，无一不是唯心变现。倘离心之外，实有山河大地，则尽法界众生，永无出生死之日。何以故？依报不能转变，正报岂能自由耶？声闻证无学果，众僧不信，必令现十八变；若不能现，即须摈逐，因其犯大妄语也。此佛灭度后初五百岁之通例耳。十八变中，地水火风空皆能互用。菩萨入初住时，旋乾转坤又何足怪？至于“维摩丈室，在印度境”，人人得而知之，岂菩萨神变，能现于他方世界，而不能现于此土耶？即如现前金陵城内大街小巷、屋宅荒野，无一微尘许地不具十界依正，互摄互入，重重无尽，岂得将此处定作秽土看耶？当日法华会上如来种种神变，惟菩萨大阿罗汉及根熟众生，方能见之，见相即知法，即悟解，即证入。尔时灵鹫山中牧童樵子，仅见老比丘趺坐说法，有许多比丘居士围绕静听而已，即诸天散华亦不能见，岂能见无量诸佛菩萨同时云集耶？大师所引《中庸》云“始言一理”云云，此非《中庸》之语，程子之语也。大师于佛经不重注疏，至于儒书推尊宋人，何也？程子就世间理事而言则可，而以此语作出世心法会，引证“芥纳须弥”等文，则大不可。盖心无形相，云何放卷？若以缘大境为放、缘细境为卷者，六识攀缘心也。其藏于密者，宋儒所谓“心要在腔子里”。《楞严》七处征心，第一执尚未破，焉能见真性？夫真实见性者，随机普应而无所在，虽无所在而随机普应。所以二祖觅心了不可得，即蒙初祖印可，后人点胸自许者，皆是执心在内也。《周易》所云“洗心退藏于密”，意在境智俱泯，与此有别。归宗之语，只就李翱能领会处应机答之，若作芥纳须弥铁板注脚，则活句翻成死句矣。尊示屡提“见性”二字，见性是因中初步，又提“开方便门，示真实相”，此是果位妙用。经云：“唯佛与佛，乃能究尽诸法实相。”等觉菩萨尚非其分，而谓参禅见性者能之乎？若云“因该果海，果彻因源”，直须善财龙女之俦顿证圆住，乃能如是，参禅见性者何能企及？尊示引《楞严经》内佛斥阿难之语，盖为多闻不修者，便呵“多闻”；为无闻盲修者，便呵“无闻”。应病与药，岂有定法？除粪喻者，乃令二乘断见思惑，非令其除三藏圣教也。见思若尽，即证无学果，便行三百由旬到化城矣。且就声闻论之，在华严会如聋哑，在阿含会断惑证真，在方等会大受呵斥，在般若会转教菩萨，在法华会授记作佛。如来教化皆有次第，由浅而深。禅宗一门，直指人心，见性成佛，虽云教外别传，实是般若法门，观五祖六祖之语，则可见矣。所以禅宗只须直下见性，不论成佛不成佛。法华会上，诸大弟子授记成佛，皆须历久远劫，惟一龙女当下成佛。此经之义，不得以禅门见性概之。盖禅人见性，大有浅深。晚唐以后，利根渐少，虽云见性，如暗室中钻凿小孔，得一隙之明，若比之太虚空旷，日月星辰旋转其中，风云雷雨变化其际，不可同日而语矣。明虽是同，而大小有异。以此等语言，证法华深义，何啻初生婴孩比于成人乎！摩诃迦叶为禅宗第一祖，阿难为第二祖，法华授记成佛，均在久远劫后，则其他可知矣。十二祖马鸣是八地菩萨，十四祖龙树是初地菩萨。可见禅宗证入深深性海，仍须历位而修，始臻妙觉极果，不宜侊侗和会。尊示又引《楞严》云"如来国土净秽有无，皆是我心变化所现"云云，大师判云："如是，非器界明矣。"此语聚九州铁铸成一大错。经文既言净秽有无，则秽者有者，非器界而何？大师意谓器界必非自心所变，不但不知如来藏性，并不知阿赖耶识见相二分矣。《密严》、《深密》等经，《瑜伽》、《唯识》等论，皆诠此义。此义不明，则一切经论窒碍难通，不得不别寻义路以解释之。然《法华经》深固幽远，五千比丘尚须退席，机未熟也，移置天人，寄于他土，不堪受此大法也。今欲令下愚凡夫亦能见信，专就浅近而说，纵能启凡愚之信，仍非《法华》深义。傥《法华经》义浅近如此，天乘尚未能达，何论二乘？何论大乘？更何论一佛乘耶？总而言之，经中"宝塔出现"、"诸佛云集"、"地涌菩萨"等事，当日在佛前听法之人曾见此相否？若实未见有此相，则此经非灵山会上之经，乃阿难笔底之经矣。阿难既蒙授记，又证无学，更绍祖位，如欲立言传世，化度后人，只须直截痛快，畅会性理，又何必无中生有，凭空结撰，令后人无从摸索耶？尊示又云“依经讲句，三世佛冤”云云，更有“离经一字，即同魔说”，须是不触不背，方免斯过。若只认上句而忘下句，岂但痛哭流涕，直是千佛出世救他不得也。鄙人不避忌讳，作此逆耳之言，非欲争胜于笔端，实为报恩于佛祖。此段公案，须俟弥勒下生时证明。

与释惟静书一

前年沈雪峰归自西蜀，备述晤谈形状，不胜悠然神往。顷者袁司马到宁，得接手函。展读之余，如亲道范，欣慰莫名。蜀吴一江相接，而水远山长，二十年来不获一晤，世途睽隔，有如是耶！且喜法缘相接，刻款频颁，谓非真净界中心心相印乎？会自别后，始而奔走于湘鄂两省，既而驰驱于英法两国，虽俗务丛身，而弘法之心未尝稍懈。近年闭户穷经，于释迦如来一代时教稍知原委，始信孔颜心法不隔丝毫，柱下漆园同是大权示现，自觉家居与庵居无异，甘作世外闲人，不复问世态炎凉矣。

与释惟静书二

顷接手函，欣悉精神矍铄，振兴教育，为西蜀开普通之门，实法运兴衰之一大关键也。江南学务，莫先于扬州天宁寺，而阻之者甚多，甚至同室操戈，斗争坚固，甚可叹也。拙作课本，承尊处刻印流行,欣喜之至。闻日本亦有人重刻矣。承赐《圆觉大疏》,拜领谢谢。若得刻资,亦拟镌板,并在日本觅得大钞,可相继而刻之。承索出洋日记,虽往返二次,所见所闻,均与他人纪载无异。地在空中,一弹丸耳。老子所云“不出户,知天下;不窥牖,见天道”。知此理者,可于一毛端现宝王刹,坐微尘里转大法轮矣。

与释遐山书

来示以古书所载老子踪迹,疑真疑妄。请阅《天人答宣律师问佛生时代》,则脱然无事矣。西人在印度考究佛生时代,多种不同,莫衷一是,可见后人记往古之事,不能执为孰是孰非也。尝见今人述数十年内之事,亦不能得其真,但如烟云过眼而已。若于此等言句计较真妄,则唯识理不成。《金刚经》云:“一切有为法,如梦幻泡影,如露亦如电,应作如是观。”请深味乎其言也。

与释式海书

慈润上善示以尊函,得知弘法情殷,慧光西瞩,钦佩无量。今春同志诸君闻知印度佛法有振兴之机,彼土人士,欲得中华名德为之提倡。但两地语言文字难以交通,明道者年既长大,学语维艰;年少者经义未通,徒往无益。遂议建立祇桓精舍,为造就人材之基,用三门教授:一者佛法,二者汉文,三者英文。俟英语纯熟,方能赴印度学梵文,再以佛法传入彼土。目前英文、汉文教习已得三位，惟佛学尚无其人。幸法师肯肩斯任，则三学具足矣。但此学塾，与公私学校章程大不相同：教习各尽义务，不送修金；虚礼浮文，一概不用；来本塾者，人人自知分所应为，无主客之分，平等平等，各尽其心而已。法师惠然肯来，到宁日期，迟早均听尊便。

与释自真智圆国瑛书

接阅来函，承嘱《唯识》随疏刊板一事，敝处未能代办。鄙人经手事件，有《瑜伽师地论》，久未完工。此论是相宗之祖，世人患其无疏。顷得东洋觅来之《瑜伽论记》，系唐僧遁伦所作，约八十万字，亦拟刻之。更有东洋求得之古本书籍，改定行款，校正讹舛，甚费心力。会独任其难，其易办者则让他人校刻，是则私衷所窃愿也。

与周玉山馥书一

比年来时事多艰，知交中引退者有数人，阁下其一也。回忆摄山之游，何等豪健，一转瞬间，已成六十衰翁。阁下仕而后隐，弟不仕而隐，阁下以隐为隐，弟以不隐为隐，殊途同归，他日遭逢，定当相视而笑也。台从南迁，不知税驾何所？或云在清江，或云住泰州，或云暂入白门，即他往矣，令人莫测。其老子之犹龙乎？娱老之方，莫妙于学佛。世间万事，置之度外，神游极乐之邦，虽南面王，吾不与易也。阁下既辞轩冕，敢以此言奉劝。北方来款，刻在《楞严正脉》、《寿经义疏》、《门论义记》三种之内，兹寄呈两分，请以一分致裕方伯为荷。又拙作《阴符发隐》、《十宗略说》各一卷，呈请教正。便中惠我好音，不胜翘盼之至。

与周玉山馥书二附来书

前请劭甫观察求赐内典十三经，谨领到。近日有人论亡人作阎罗事。记得佛经中言阎王虽有职事，与鬼无异，略记不清。公博览群经，望将经中言及阎罗事钞示，或将原书封寄，甚感！

前闻解组归来，遨游庐阜，望风怀想，我劳如何？顷接手函，欣慰之至。《释氏十三经》，由劭甫观察经手，彼已付价。承问亡人作阎罗事，佛典所载，与世俗劝善书有同有异。盖世俗书中出于道家之言，故有十殿等名，而佛书则无之。佛家言六道，鬼道居其一，由阎摩罗王主之，权力甚为广大。世俗所传死后作阴官者往往有之，不过如阳世大小职官而已。修行人若得此报，是大不幸，乃生前见道不明，于净土法门无专修之功，以致被业力所牵，受此阴界之报也。儿孙若为其造福祈生净土，当于佛法门中作大功德，小则超生天界，大则径往西方。此义散见于内典，不能专指一处，故无书可寄。

与周玉山馥书三

昨蒙垂顾，惜别殷殷，旧雨重逢，未知何日。会以足疾，不能随侍旌旄，遨游粤峤。寸衷耿耿，墨楮难宣。唐诗有云："此心曾共木兰舟，直到天南潮水头。"可谓先得我心者矣。送上《观楞伽记》一部，全椒释憨山所作，东坡所谓不能句读者，憨山透彻无滞，可称杰作；《往生论注》一册，梁昙鸾撰，此方阐扬净土之书，推为巨擘；《禅源诸诠》一册，和会宗教，惜全书不传，仅存其序耳；《大小止观》，天台家之要典也；《圆觉》、《金刚》二经，注释详明；《维摩诘经》，极谈妙理，显密圆通，文约义丰；《高僧初集》，可见弘道有人，方能流传至今也。以上十种，计二十册，治事余暇，偶一翻阅，赠书之人，宛在心目间也。

与冯华甫启文书附来书

接诵惠函，均已领悉，承询云云。文以行阴不停，念念迁灭，世间极圣，犹落四见，不出心外之法，况乎后贤？因而入佛，默守话头者，亦有年矣。及至庐山，兼阅教典，每读无闻比丘短于闻教，师心为足，反遭坠堕，故知教宜广薰，不致得少为足。然而教有权实、半满、开遮之别，故读教者先须知时，方可区别事理。佛以观机逗教，随宜说法。如果侂侗，反被经缚，此观教之不易也。至于归趣云云，实无处所可归。若有处可归，则亦化城之机。或以无住为住，亦可说得归趣。然无住之义，深无涯际，若悟《华严》不动佛之义，则亦悟会无住之住矣。故佛说《华严》，终不离菩提树，而遍会诸天；善财不动步于觉母之前，而遍历百城。如是会之，即此即彼，岂有去来三世之迹？法性遍虚空，虚空无归趣，而无我之我，亦无归趣。无我之我既无归趣，则真知无住为住之义矣。虽然，此须实证海印三昧，方许受用也。质之高明，未识以为然否？吾翁既得左右逢源之旨，乃蒙分明道出。先德曰："分明一点无余欠，不待明星已现前。"此语正合逢源之旨。如是，则一理平等，宜乎法无不通，而密证之功，亦即深入无际耳。文以山河远隔，阻于执侍，而渴念醍醐，不啻云霓之望。还祈不舍有缘，时锡金针，以当曼室老人遥伸右手，为一摩顶耳，盼甚祷甚。

顷接惠函，既承详示道妙，敢以直言答之。大凡学佛法者，入手切须的当。释迦佛出现世间，应病与药，初无定法。佛灭度后，诸大弟子结集三藏，是为教内正传，后来东土天台、贤首、慈恩诸师所阐扬者是也。摩诃迦叶传佛心印，是为教外别传，东土六代祖师及五宗提唱者是也。马鸣、龙树宗净土诸经，劝人念佛往生，是为教内别传，东土远公、昙鸾而后诸师弘扬者是也。今阅居士见处，从禅门参学而入，以无住为住作归趣。妙则妙矣，其如生死何？君云"无住之义，深无涯际"，若单就无住二字，即是一切不着，别无深义。经云："应无所住而生其心。"又云："应生无所住心。"此中深义，在随缘不变、不变随缘之如来藏心也。夫《金刚》谈无住之旨，为二乘发大心者划其朕迹也。二乘已出生死，回小向大，故施此药。《华严经》内，善财童子以十信满心，方得亲见文殊，指令南询，历参知识，证同佛智，是谓初发心时便成正觉，岂凡位所能企及？君云"善财不动步于觉母之前，而遍历百城"，此语不合经意。经文"善财于文殊所，辞退南行，向胜乐国，参德云比丘，直至五十三参之后，文殊遥伸右手，过一百一十城，摩善财顶"，文义甚明。无去无来者，真谛理也；去来宛然者，俗谛事也。理事圆融，方入法界。仅从理上会得，解行不能双圆，直须事上一一透过，始得真实受用。

若如近时杜撰禅和，稍得一知半解，便谓超佛越祖，世谛不除而除真谛，俗见不扫而扫法见，将一代时教尽行抹却，岂知西天二十八祖造论释经，宗说兼畅，达摩以《楞伽》印心，六祖无一字一义不合经文，方为传佛心印也。居士所谓“观教不易”者，是未得其旨趣耳。归趣二字，不可含糊，发声闻心，以初果为入流，以无学果为归趣，是谓化城；发菩萨心，以初住为入位，以究竟妙觉为归趣，是谓宝所。若未至初住，总不能断生死流，唯有净土横超一门，是至捷至妙之法也。不然，虽透末后牢关，稍有业识未净，亦不免于轮转耳，一入胞胎，前功尽失，再出头来，未知何日矣。君云“法性遍虚空”，不知虚空亦是妄见。《楞严经》云：“空生大觉中，如海一沤发，直得虚空量灭，始有少分相应。”据居士见地，不出“当处即是”一语，大似隔靴搔痒。故作此苦切之言，以为他山之助。弟于此事虚心体究，不敢随声附和，以蹈末法恶习。傥不以弟言为河汉，请将《大乘起信论》读诵通利，自能透彻真实佛法，不至摩空捉影、虚费时光也。

与陈仲培□□书附来书

仆一官承乏，久滞中州，屡蒙大府以饷弱兵单，询及下走，而才庸识浅，无裨时艰，如须弥一萤火耳。负惭廊庙，有志山林，虽迷失本性恒河沙劫，未能自忆受生，幸昔年密承乩示，有前生圆寂天目山之语，仆拟二三年后，片帆东下，直指石头，见善知识，合掌顶礼，未识德山、临济，肯棒喝及之否？然此犹俟诸异日，目前有急欲折衷者，特一一呈焉。《金刚决疑》，憨山大士之所注也。仆始得之而惊，惊所解必得真诠也；继读之而疑，疑所解多违经训也。须菩提于楞严会上自白于佛者，顿入如来宝明空海，同佛知见。何至《金刚》一经，佛则重重宣示，须菩提则节节生疑。此等疑团，不但小乘无之，即吾辈穷经，其疑亦不至此，况过去青龙如来耶？愿为有学折衷者一。楞严咒心，即密语也。仆向不于密咒求解，但有则存之不废而已。善知识订讹正伪，尤能上契佛心。一会至五会，仆俱成诵，每日敬读全咒三遍，敬书咒末云："敬诵二遍，弟子某某受持，超度幽冥。"所谓地狱饿鬼畜生，同时解脱。或告予曰："此住相布施也。住相则咒不灵。"然否？愿为有学折衷者二。《楞严》之二十五学，《圆觉》之二十五轮，善知识择何学、选何轮为涅槃门，愿为有学折衷而训告者三。

承询三条，谨当裁答。一者，《金刚决疑》，憨老之作，本于天亲。昔无著宗弥勒偈而造论，以十八住释《金刚经》。其弟天亲，又以二十七疑释之。法身大士各抒已见，皆不违经意。须菩提所兴疑问，为开导初发意菩萨而入般若法门，所谓影响声闻助佛扬化。释迦会下，如是询问，乃至千万亿佛会下，亦如是询问。须以本迹两门、权实二法通之，则一切经典皆无疑滞矣。二者，咒是密语，从古不翻，盖有深意。惟楞严咒，诸佛菩萨护法天神名号居多，每段内有密语数句，以满汉蒙古西番四体全咒考之便知。虔心持诵，自他俱利。若见诸相非相，则一切有相，当体即空，虽念念度生，实无生可度，虽无生可度，而念念度生，尚何住相之有哉？三者，修习法门，以称机为贵。楞严独选耳根，会则专学势至，以一切佛法入念佛一门，即《华严经》"融摄无碍"之旨也。尝观古来参禅之徒，既透末后牢关，而转世退失者往往有之。今时禅侣，未开正眼，辄以宗师自命，扫除经教，轻蔑净土，其不损善根而招恶果者几希。间尝讨论今古，偏者斥之，弊者救之，弃粗浅而求精深，舍浮泛而取真实，期与如来教法毫不相违，允为净土资粮。《圆觉》二十五轮，以三轮为本，即台家三止三观之义。念佛法门，圆摄无遗，不假他求也。阁下身膺轩冕，心切林泉，其宿因深厚，已可想见。修道之士，未证无生法忍，轮回终不能脱。惟有净土横超一门，是出火宅之捷径。他日行旌南指，畅谈衷曲，岂非三生旧好乎？会漂流孽海，年已六旬，从公于江安湘鄂者十余载，随使于英法义比者六七年，应得升阶辞不受，以中书君老于牖下，除流通法宝外，别无所事也。

与陶榘林森甲书

久未晤谈，渴想殊深，顷闻摄篆常镇，欣喜之至。弟所求者无他，欲得大力主持，开办释氏学堂耳。扬州天宁寺已禀准立案，开办僧学堂，定于二月间开校。镇江之金山江天寺，常州之东门外天宁寺，均在治下，亦宜开设僧学堂，以振兴佛教。但各寺住持僧安于守旧，不乐维新，非得大权力以鼓动其机，不能奋发有为也。

与陈南陔采兰书

接奉手函，并学堂示稿，捧读之余，莫名钦佩。敝邑处山僻之境，民智未开，经贤父母为之提唱，他日学业有成，得预通才之列，皆蒙大德所造就也。弟衰老无能，不谈世务者十余年矣。自弱冠至今，以释氏之学治心，以老氏之道处世，与人交接，退让为先。客冬旅宁，同乡倡议学务，因弟于二十年前自欧回华曾提此议，故坚约聚谈。而素性不与筹款之事，是以书捐一册并未寓目。兼之足力渐衰，艰于步履，自新岁以来遍告于人，不与闻学界事矣。去岁公牍信函，弟均不愿出名，有两次信寄劭甫兄伸明鄙意。而同乡诸君仍以贱名列于简首，实有违于老氏之道也。安徽学会，以贱名列于池董之内，亦非弟所知。蒯礼卿、李幼山诸君屡促赴会，弟均未往，以固执之心不可夺也。老父台明鉴秋毫，尚希谅其愚衷，幸甚！

与李小芸国治书一

接读手函，领悉种种。刻资五十金，业已登收，当付收条，何以未到？闻他处已有刻《传灯录》、《五灯会元》二书者，金陵既无续到之款，即将存资改刻《观楞伽记》，诚禅宗之要典也，明春可以出书。此中有陈仲培观察一百四十金，经末载施资姓氏，或刻法名，或刻别号，请代询示悉。仲翁原拟刻《法华指掌》，敝处因《指掌》不佳，不愿流通，现有扬镇僧俗集资锓板矣。近年尝有就学于敝寓者，九江桂伯华为最猛利，已相依两载矣。现拟添造房舍，能住二十人，造就佛学导师，为开释氏学堂计也。仆建立马鸣宗，以《大乘起信论》为本，依《大宗地玄文本论》中五位判教，总括释迦如来大法，无欠无余，诚救弊补偏之要道也。汉汴铁路明岁可通，居士能作金陵之游乎？娑婆界中千载一时，非宿缘凑合，未易值遇也。

与李小芸国治书二

甲辰之岁得手书并石墨二册，书中有云“六年俸满，乞退南来”，悬想上年当到，乃至今未接光仪，不知稽迟何所？尊齿六十有五，弟年七十有二，安居乐道，正其时矣。南方有人发愿重新印度佛教，选才教授，敝处独肩其任。台驾南来，共襄盛举，是所愿也。僧徒课程计三门：一者佛学，二者汉文，三者英文。三门精通，方能赴印度布教。人数以十名为度，非五万金不办，筹款全仗他人分任，此乃释迦如来遗教中一大事因缘也。往岁尊处寄来三色套板《楞严》全部，业已奉还。兹有同人欲刻此本，如能将原本随带南来，俟刻成后送新书几部，并旧书缴还原主，不至遗失。

与冯梦华煦书

夏间接读手书，承允撰金山长老二传，当即告知该寺退居老宿，不胜欣喜之至。秋闱揭晓，趋令侄寿桐处道贺，得闻尊嫂夫人于九月十四日亥时仙逝，敝内亦于是日酉刻谢世，先后数刻之间，南北如出一辙。敝内久病困惫，不能念佛者已半年矣。十四日午后，忽呼媳女辈扶起，念佛一炷香。略睡片刻，复令人掖坐而逝。全身既冷，顶门犹温，似有生西景象也。尊夫人去时，有善知识护持，想能不失正念，飘然遐举矣。正恁么时，显示无常苦空无我之法，有志出世者所当猛省。

与沈雪峰丰瑞书附来书

弟自别后抵署，内子业已去世。镜花水月，原是虚浮，而廿载夫妻，绵惙时未能一面以助其往生，至今犹耿耿也。孙绍鼎比部为怀远山长，由程朱而陆王，由陆王而禅宗，北方之学者，未能或之先也。闻亦曾与阁下论道，现与弟尚称莫逆，日相质问。觉办道之念油然而生，始知古人近朱近墨之言，信不诬也。今有疑义，未能释然，不远千里，就高明证之。长女年廿一岁，幼时听父母讲求因果，即戒杀放生。稍长，闻有议婚者，辄涕泣不食。问其志，云："俟经义稍通，愿至金陵投圆音比丘尼祝发。"弟即从其志，回覆者数家。然彼不过粗通文字，大部经典皆未能读，仅读《金刚》、《弥陀》、《心经》、《大悲咒》四种，尚不能通其义，惟一心持诵佛名而已。去岁母殁，始持长斋。今夏偶患时症，缠绵二十余日。弟时时嘱其念佛观佛，一心西向。彼自恨修持时浅，恐未能往生。至五月卅日辰刻，神气大变，时而昏迷。弟即呼其名而警醒之，喻以必能往生之理，令其安心念佛，如是者数次。至未刻，忽令人扶起，西向而坐，合掌念佛。弟彼时因县令之母有急病，促往诊治，万不能却，即嘱媳女辈小心护持，如见垂危，切勿哀痛，但念佛助其往生为要。至酉刻归来，业已化去。据媳女云，弟出门两刻，彼忽开目四顾，云："父亲何在？"众云出外，彼云："无事不必寻他，不过传语请其放心，我顷间已蒙二菩萨引去见佛，业蒙佛授记下品下生，因世谛中有两次刲股疗亲之孝，改为下品中生。幸蒙父亲时时提撕之力，请其放心，不必记罣也。”仆妇孙姓者，亦长斋念佛，见此情形，云：“小姐是童女修真，得此利益，我辈半途修行，恐赶不上。”彼云：“念佛只要真心，不在半途不半途也。”又嘱亲属云：“尔等平时念佛不真心，恐不得力，若能真心念佛，到此方知受用矣。大家勉之，我去矣！”即垂目不语。按之，已气绝矣。弟归时，察其囟门、额上犹如火热，闻说神清语朗，来去自如，似已得善果。然有可疑者，因其读经未能通达，持名不过三四年，遽生安养，恐无如是之易。且经云“一见弥陀，即不退转”，何以见佛受记之后，又得回来劝慰诸人？或另有因缘关系耶？抑临终时为魔所扰耶？凡情未能测知。大善知识慧眼明察，定能澈其底蕴矣。请明以示我，以坚我辈净土之愿，是所深幸。所注《阴符经》已发刻否？如有印本，乞赐我一部为盼。

接读手函，备悉种种。令嫒信心纯笃，正念往生，甚为希有。《阿弥陀经》叹为难信之法，《毗婆娑论》说为易行之道，知此二言，便无疑义。《观经》说十恶五逆，临终称名，尚能往生，况贞洁自处、一心回向者乎？彼临终时，感应道交，乃系前阴将谢，心镜开朗，菩萨接引、如来授记之事，皆于中现，故能回顾家属，劝进修持，非有去来之相，亦非魔事也。以理论之，下品生者，见佛闻法，无如是之速。然称性法门，无前无后，一时顿现，虽千百年后之事，亦于顷刻间悉见悉闻，所谓长时作短时，短时作长时，非凡夫意识所能测度也。十万亿佛土，天仙神力亦不能到，而念佛者与弥陀愿力相接，一刹那顷即生彼土。真净界中，有何隔阂之有哉？奉赠拙作《阴符经发隐》，并送孙绍鼎比部一册。孙君信罗近溪之语，不出明了意识边事。若能进而求之，将如来一代时教究彻根源，则知黄老孔颜心法原无二致，不被后儒浅见所囿也。

与刘次饶绍宽书

接读手书，得悉阁下潜心内典有年。文学之士，往往轻净土而崇性理。鄙人初学佛时，亦有此见。自阅《弥陀疏钞》后，始知净土深妙，从前偏见消灭无余。现住娑婆世界，水火土石，皆是众生染业所感；极乐世界，金银琉璃，乃从弥陀净业化成，非如世人有贪爱心也。《楞严》十因六报，就造恶最重者言之，所受之苦，从自心变现，各各差别，非从外来也。遥想阁下但阅经文，未看注疏，故生此种见解。若多阅注疏，自然了达无碍矣。《金刚》、《心经》二种，注解甚多，须分三类：一曰正解，二曰俗解，三曰邪解。专阅正解一类，俗解邪解万不可阅。大凡佛经八面玲珑，其文义之妙，如神龙变化，飞空绝迹。若以世俗之见窥之，徒增迷闷耳。佛经理事圆融，毫无虚妄，久久精研，自能通达。拙作《佛教初学课本》可阅。附呈《僧学堂课程》一纸。

等不等观杂录卷六

与郑陶斋官应书附来书

伏处海隅，耳盛名久矣。人事牵扰，道远莫由瞻奉，引领松鹤，我劳如何？下走岭南下士，碌碌因人，船算滥司，愧无建树。值此国步艰难，翠华远狩，中原蒿目，痛哭新亭，此海内忠义之士心所同具者也。窃思兼善之机既阻，独善之道可为。下走虽混俗趋尘，然好道之心，童而习之，至衰朽犹如一日。只以至人未遇，口诀难逢，仰视青霄，每增浩叹。侧听先生抱道在躬，和光养性，生平心得，定有不凡。问途必于已经，自是求道者第一要义。其秘密藏固不敢妄请赐教，至若授受之陈迹，初终之大旨，正邪之分界，天人之节次，敢乞不弃颛蒙，有以教之。幸甚祷甚！拙作《诗草》二册，聊用伴函。

顷奉赐函并大著二册，展诵之余，莫名钦佩。去圣时遥，人情浇漓，诚心向道，迥出尘凡，非夙具大善根力，曷克臻此？承示时务多艰，此皆众生业力所感，正是菩萨悲愿度生之境。修行人常以兼善为怀，若存独善之心，则违大乘道矣。鄙人学佛以来，近四十年。

始则释道兼学，冀得长生而修佛法，方免退堕之虞。两家名宿，参访多人，证以古书，互有出入，遂舍道而专学佛。如是有年，始知佛法之深妙，统摄诸教而无遗也。盖道家首重命功，佛家直须命根断。命根断，则当下无生，岂有死耶？生死既不可得，而假生死以行大愿，是以《华严经》中，善财所参善知识，比丘居士，仙人天神，错杂间出，皆是一真法界所流露也。若认定金丹秘诀修成之仙，或为仙官，或为散仙，总不出上帝所统之界，不过高于人界一等耳。虽寿至千万岁，亦有尽时也。鄙人常以《大乘起信论》为师，仅万余言，遍能贯通三藏圣教。凡习此论者，皆马鸣大士之徒，奉赠一册，以备流览。又拙作《阴符发隐》、《十宗略说》各一册，呈请教正。《起信论》末提出净土一门，为超脱轮回之捷径。昔昙鸾法师舍陶弘景所传之仙诀，专修十六观法，往生净土，岂非人杰也哉？愿与同志者效之。

与夏穗卿曾佑书附来书

夏间得手书并《起信义记》，欢喜无量。观书目，方知有《地论》暨《识论述记》之刻，知仁者弘法度人，本誓无尽。何幸末法，有此智灯，当与六道众生，同作踊跃。弟子十年以来，深观宗教。流略而外，金头五顶之书，基督天方之学，近岁粗能通其大义、辨其径途矣。惟有佛法“法中之王”，此语不诬，至斯益信。而此道之衰，则实由禅宗而起。明末，唯识宗稍有述者，未及百年，寻复废绝。然衰于支那而盛于日本，近年来书册之东返者不少，若能集众力刻之，移士夫治经学小学之心以治此事，则于世道人心，当有大益。知此理者，其居士乎！《述记》刻成几何？其原书论、记别行，古书皆尔，然学者颇不便，新刻似可相合。《地论》文广理赜，此时读者恐稀，不如以《因明论》先之。尊处所刻《大疏》，尚恐其简。前见日本人所开现存因明学各家有七十余种，直当广行十数种，使人衍熟其法，则以后可读慈恩各种书矣。近来国家之祸，实由全国民人太不明宗教之理之故所致，非宗教之理大明，必不足以图治也。至于出世，更不待言矣。又佛教源出婆罗门，而诸经论言之不详，即《七十论》、《十句义》，亦只取其一支，非其全体，而婆罗门家亦自秘其经，不传别教。前年英人穆勒，始将四韦驮之第一种译作英文。近已买得一分，分四册，二梵二英。若能译之以行于世，则当为一绝大因缘。又英人所译印度教派，与中土奘师所传者不异，惟若提子为一大宗，我邦言之不详，不及数论胜论之夥。又言波商羯罗非商羯罗主也源出于雨众，将佛教尽灭之，而为今日现存婆罗门各派之祖。此事则支那所绝不知者，附上以广异闻。

顷接手函，得知公务之暇，备研各教，甚为希有。金头五顶之书，未知说何道理，便中祈示一二。基督天方之学，皆以事天为本，其源出于婆罗门，而变其规模也。婆罗门教最古，以大梵天为主，或有宗大自在天者，皆从人道而修天道，不出六凡之表。佛教兴，而婆罗门之明哲者多从佛教。利根上智，现证阿罗汉果，即出六凡而为四圣之初门，可见佛教非出于婆罗门也。西人在印度考求各教，但求形迹可据者载之，谓佛教后出，遂以婆罗门为其源，信有声闻法，而不信有菩萨法，以菩萨法系文殊阿难在铁围山结集，诸大菩萨以神通力流传世间，凡夫始得见闻。西人不明其理，往往疑而不信也。唯识古书亡于元末，明季诸师深以不见为恨。近从日本得来者有十余种，已将《述记》合论付梓，现已刻至四分之三，来岁五六月间可出书矣。《因明大疏》之外，尚有《义断》、《前后记》等，皆唐人所作，有款当续刻之。《地论》百卷，因无巨款，久久未成。尊示云："佛教之衰，实由禅宗。"支那固然，而日本则衰于净土真宗。近阅真宗之书，与经意大相违背，层层辩驳，冀得改正。接得复函，知彼决不能改，亦无可如何耳。

与桂伯华念祖书一附来书

违教数月，渴想良殷。前者普陀之游，本可旬日间即返金陵，讵行至宁波舍戚处，得江西家信，言家中用度缺乏，亟须早归，遂急往普陀，草草游历，仅住四日而返，归途金尽，遂径溯江而上，不及更诣金陵，趋聆教诲矣。在普陀时，晤后寺法师名印光者，系陕西人，道行深浅，非某下愚所能窥测。然其人亦素知夫子，不知夫子亦知其人，且悉其所造否？日后出家，拟即求其剃度，师谓何如？自赣返省，见与李澹缘第一书，欢喜无量。自九江还，又见与澹缘第二书，又大欢喜。澹缘勇猛，同辈中实罕其匹，又得吾夫子指示途径，其造诣宁可限量？今又有黎君端甫者，系丰城人，同辈中闻佛法者，以彼为最早，气质亦以彼为最纯。惟入门之始，乃读邓厚庵书者。厚庵之学，吾师曾议其穿凿，故前自普陀回，曾将此意函告。往赣后，彼曾以一书寄某代呈，因亟为呈览。此人诚笃异常，若不弃而辱教之，当能荷担大法，非仅仅作自了汉者。或即将所赐澹缘二书钞寄示之，未识可否？江西僻处蛮荒，闻法较晚，然发心向道者时时有之。近时浮慕佛名，且以己意或世间法附会经义者，亦不乏人。惟李澹缘，与其叔澄字靖澜，及黎端甫，又九江城内一少年徐子鸿者，宿根最深。若有大善知识如夫子者，时时开示之，策励之，绍隆三宝，未尝不在是人。惜缘分浅薄，罣碍辄多，即赐函中言澹缘若来金陵，可畅谈一切者，此事亦大非易。缘其尊人邪见甚深，彼家近在城中，而书疏往返，必由某处转达者，亦以其父子异性，多所妨碍故也。今若无故专以求法而来金陵，其父必大诧，以为怪事。欲求如愿，势必假借一事，乃可起身。此非旦夕所能，须缓缓谋之。娑婆浊世，生此者皆障深业重。信然。即如某者，识扬神飞，非出家离俗，断难一心。而家贫亲老，又不得不勉强从俗，以博取升斗。然既已从俗，则目所见、耳所闻、身所接，罔非退道之缘。进退两难，无计可设。普陀一比丘名真达者，曾劝某一意出家，谓家中诸事，皆有夙因，决不因某之出家而有损益。某知其有理，而未深知可否，敬求吾师为某决之。何去何从，总以易得一心，而不至增造恶因为至美。某实愚痴，深恐堕落，惟吾师哀愍而教导之，幸甚！

前接正月二十三日手函，备悉一是。普陀印光法师，未曾晤面，不能知其造诣浅深。出家一事，须父母听许方可，否则违佛制。仆但劝人学佛，而不劝人出家，因出家者虽多，而学佛者甚少也。且投师最难，曾有相识者为师所拘，反不如在家之得自由也。近时僧中有负盛名而未达佛意，竟作人天师表，受徒千百，供养礼拜，敬之如佛，而所开导于人者，实未能施对证之药也。足下嫌俗事为累，难得一心，鄙见当以四弘愿为本，时时研究佛法深义，彻见六尘境界当体空寂，一切烦杂世务，无非菩萨行门，念念回向净土，信口称佛一句，孤孤另另，无依无傍，即是往生之捷径也。若必待屏除万缘方能修行，则佛法不普，恐千万人中难得一二矣。黎端甫从邓氏书入手，未合大道。今将驳斥邓氏之言，详答黎君函内，烦转寄为荷。黎君若能亲到金陵，罄其胸中所欲言，自当为之决择精粗，指引归元之正路也。复澹缘二书，可钞示之澹缘之父。不信三宝，可劝澹缘持大悲咒以转之。往者先母亦不喜学佛，曾以咒力冥熏，数月之间，释然无事，故以此勉澹缘也。端甫欲得莲池、尺木著述并拙作，现有《云栖法汇》，系功德主施送之书，寄上一部，以备同人观览。尺木有《一行居集》，专谈出世法，板在常熟，难得其书。拙作仅有《阴符发隐》、《十宗略说》二种，各赠五本，以饷同志。欲作《论语》、《老》、《庄》、《列》四种发隐，尚未脱稿。拟将前人未曾发明者表而出之，以新人耳目，然不免俗儒之唾骂也。若将孟子评论一番，更为世所诟厉，故只与人谈论，而未曾形诸楮墨耳。九江徐子鸿志趋若何？出世法门能知路否？便中示悉为盼。

与桂伯华念祖书二

前接澹缘信，知台从仍在兴国，拙函想已入览矣。兹有友人深愿学佛者，精通唯识一门，以续千年之坠绪。闻足下向道情殷，愿助赡养之资，每月六元，俾得前来金陵，久住敝宅，专心研究《因明》、《唯识》二部，期于彻底通达，为学佛者之楷模，不至颟顸侊侗，走入外道而不自觉，实振兴佛法之要门，且于净土道理深为有益。盖庄严净土，总不离唯识变现也。助资者有校书之事相烦，每日不过三点钟耳。如合雅意，请即附轮东下。此系世出世法两全之道，较之舍亲入山，不尤心安理得乎？

与李澹缘息书一附来书

屡闻桂伯华言及先生理解圆融、导引恳切，为当代昌明佛法第一导师，不胜倾慕，每以不得随侍左右为恨。然闻桂伯华所述先生指点之方，已不啻耳提面命，只患自身不能精进专一，以解自缠缚，致有负先生护念一切之怀耳。息自闻先生诲人之旨，又得桂伯华鞭策，遂发一念归西之心，迩日更觉净土一门，为世尊方便度世之苦心、众生归宗离浊之捷径。其他诸宗教虽善，然当此时世，有不暇为者矣。想先生诲人心切，净课之暇，可否诲息数言，使归西之心益加警策，得以归于净土，将来诸佛转娑婆为净土之际，得以预于其间，稍助微力，曷胜幸甚！

顷接手函，领悉种种。发心向道，已属甚难。专修净土，更属难中之难。阁下笃信不疑，非宿根深厚，曷克臻此？虽未能觌面倾谈，而志同道合，已不啻同堂晤对矣。念佛法门，普摄三根，中人以上，宜以三经一论为津梁（《无量寿经》、《十六观经》、《阿弥陀经》、《往生论》），更以《大乘起信论》为入道之门，通达此论，则《楞严》、《楞伽》、《华严》、《法华》等经，自易明了。盖弥陀因地修行，不外此道。往生西方之人，在彼土修行，亦不外此道。是谓师资道合，生品必高也。或疑其为杂修，不若专修之切。盖不知净土一门，括尽一切法门，一切法门，皆趋净土一门。此是纯杂无碍，利根上智所行之道也。若不如是，恐年久生疲，不见升进，必至退转。修净业者，不可不知。尊函内有“将来诸佛转娑婆为净土之际”等语，此是见道未深，故作此想。当知娑婆是众生妄业所感，犹如空华，本无实体。净法界中，极乐娑婆皆不可得，而弥陀以大愿力显现极乐国土，如镜花水月，摄受众生，入不退地。若以质碍心求之，去道远矣。娑婆世界，释迦佛大悲心所化之境。一切菩萨，修种种难行苦行，均于此土修之菩萨入空三昧，则世界了不可得。入如幻三昧，则世界宛然，是谓空有无碍，一念全收，不待将来转移也。

与李澹缘息书二附来书

辱赐手书，曲为开示。先生之诲人不倦，循循善诱，于此益可见矣。所云息前言转娑婆为极乐之语，为见道未深，故有此想，诚然如是。当时盖尚未达平等一法界之理，而厌苦欣乐之心过胜也。近遵来谕，读《起信论》，渐知真如生灭粗迹，于一切惟妄想造能明了无疑。但其中真如生灭二门，义极弘深，难遽尽解。窃拟自今以后，凡读《起信论》一遍后，读大乘经一部；读大乘经一部后，复读《起信论》一遍。如是循环读之，似方可尽其义。大乘诸经论，来示但云《楞严》、《楞伽》、《华严》、《法华》四部，此外尚有几部当看者？即此四部中，不知何家之注为最精要当看？其余如各家撰集，不知亦有当看者否？

净土法门，读诵大乘之外，尚有严持戒律，《袁氏纪梦》亦云："乘急生最高，戒急生最稳。"少戒者生边地，甚至堕天龙八部，是戒亦净业最要之事。但如息辈，尚系在家人，出家之具足戒势难尽守，不知当受何等戒律方为允当？律部诸书，不知有几部当看可看者？受戒之时，不知须请当代大师为授戒师否？抑可于佛前自受之？伏乞明示。

岁杪接手函，得悉种种。居士向道之切，为近时所罕见。应答各事，条列于后：

一、《起信论》既能深究，必得通达其注疏，先阅《纂注》、《直解》，后阅《义记》、《海东》。此四家以贤首《义记》为主，别记亦大有妙处，阅之数过，其义自显也。尊意将此论与大乘经循环读之，其法甚妙。

一、大乘经论，前函所提四种内，《楞严》阅《正脉》，《华严》阅《疏钞》，《法华》阅《会义》，《楞伽》须阅憨山《笔记》。现无书购，即阅宗泐注亦可。此外尚有《圆觉略疏》、《金刚宗通》、《心经五家注》、《维摩注》、《十二门论》、《法界无差别论》，均可次第阅之。各家撰集，先阅莲池、憨山二家，为近代之正法眼也。

一、戒律一门，受持不易，一受便不能犯。在家人虽未受戒，亦可学戒。戒律多种，当以《梵网经》内十重四十八轻为主，有贤首疏可为准绳，在家五戒，即在十重之内。至于比丘律仪，专为出家人而设，在家人不宜阅，佛有定制。他如《菩萨戒本经》，最宜读诵，不但学道人宜遵，即世俗人学之，亦可渐入圣贤之域矣。至于受戒一层，必从师受，若千里内无师，许在佛前自受，须要见相好，否则不得戒。以鄙意揆之，与其受而不能持，不如学而能遵也。

与李澹缘息书三附来书

息不获如伯华之亲侍杖履，日聆训诲，深自悲痛。道力浅薄，每为世务所障，虚度时日，不能精进，唯愿吾师哀我念我，一策进之，幸甚！

一、近读《起信论》，于心真如已无疑义，于心生灭无明起处，仍未能彻见其根，终有窒滞，未知此义何经论中曾发明之，乞一开示，以便参究。

一、无明起处极细微根，虽非凡夫所能明了，然其根之大端，若不彻见，觉一切功夫皆无着落矣。不知以为何如？

一、近拟读《起信论》毕后，将《楞伽经》细观一遍，使心体用益能明彻，庶断惑之功，易于着力。

一、近以为固执之心，实不可无。初学之人，愈固执则愈坚忍，愈坚忍则愈精进，固执久久，自无所执而执。其所以有泥着之弊者，盖执之而不固耳。不知以为然否？并乞开示。

接阅手函，情辞恳切。虽隔千里，志同道合。夙世法缘，非偶然也。所问之事，条答于下。

一、读《起信论》，既于真如无疑，当知无明依真如起。欲求起处不可得，即是无明无始起之相也。若无明有始，则涅槃有终，便违教意。《心经》云“无无明，亦无无明尽”，即显示无明本无也。其用功处，在照见五蕴皆空。五蕴以色为首，色蕴空，则余蕴自迎刃而解矣。《法界观》前十门专明此义。

一、无明有根本，有枝末。根本者，住地无明也。须至金刚后心才能断之，非凡夫所能了。枝末者，一切烦恼妄想也。道业精纯，渐伏渐断。古人观念头起处一法，亦可用之：念头起时，才一观照，即不可得，便知无根；若求着落，直须前后际断，彻见本来面目，宗门所谓脚跟点地也。

一、读《起信论》后，研究《楞伽经》，经论互相发明，解悟最速。

一、固执之心，在善用与不善用耳。善用之，则为坚忍，为精进；不善用之，则拘泥不化，难超情见也。

与李澹缘息书四附来书

正月中奉到复函，示以读诵大乘次序，庆幸无量。自今正月以来，愤自责修，于净业誓不退堕，读经念佛，亦略有所会。但恨根钝障深，不能直入佛之知见，证我本来圆妙法身，殊深自痛。然以无始无明故，兢兢业业，唯有精进自励而已。谨将近所自课者条达于下，伏愿哀诲为祷。

一、自遵前示，读《起信论》、《楞严正脉》、《圆觉近释》、《华严疏钞》后，少知毗卢法界体相，然后于前示所谓“空有无碍一念全收”者，豁然无疑矣。近尚在读《华严》，兼阅《弥陀疏钞》。唯资质钝甚，每一义现前，不能即斩然明了，必数过后，始能略详端倪也。

一、净业修行，现专以持名为主。窃谓此事必先由念念相续，心心相应，杂念不起，事一心后，乃能念而无念，无念而念，孤孤另另，无能无所，信口称佛一句，皆是全体法身之理一心也。未审以为何如?

一、示伯华函中有云:"必待屏除万缘方能修行,则佛法不普。"此理极是。息近日始见得。息以为能否屏除万缘,亦有因缘。前因既种,安能无果?果视其因,不可易也。行者但当慎现在因,安受前果而已。且万缘皆是前孽,前孽尽,而后万缘可除。息以此故,以四事自誓曰:不得耽乐静寂;遇一切难事苦事,但至心忆念于佛,不得生畏避心;遇一切难事苦事,当念法界众生所遇事,更有甚于我者,念毕,即为自他忏悔;遇一切福田,更当勇猛为之,但须忆念于佛,至心代自他回向。以此四事,为世间屏缘助行,未审可否?某功德主所施之《云栖法汇》,如散未罄尽,请再寄下一部。息意欲存于抚州正觉寺,以备是处净业人阅也。

前接手函,领悉种种,略答数条,以供法喜。

一、《华严疏钞》既能全阅,必得超越常情,彻见一乘妙谛。贤首所作《一乘教义分齐章》,亦宜连类阅之。经中深义,未能当下明了者,当于佛前至诚顶礼,心念佛光灌顶,久之自能豁然通达。若以思惟心推究,去道转远矣。

一、念佛法门,欲得心心相续,先事一心而后入理一心,非屏除万缘不可。然在俗者,此境难得。前此复端甫信内,有"无后心、无间心"一段,用当念一句为主,截断前后际,是烦杂中念佛之捷径。请检彼函阅之,自知事一心理一心之妙境也。

一、来函所云"前孽尽而后万缘可除",不知孽性本空,但随妄念而起,若能观心无念,则罪福皆不可得。傥心存孽尽缘除之见,虽经无量劫，亦无除尽之日也。所发四誓，皆作助道因缘，但不可执，执之则妨道。

一、《云栖法汇》，向功德主乞得两部，一施抚州正觉寺，一施丰城同德书舍。附寄《起信》正文十本，分赠同人，以资读诵。又《流转章》、《十世章》合订十本，系贤首之作。在尘劳中，用此法门最为巧妙。行之既久，冥契华严法界而不自觉，古德法施之力有如是耶！

与黎端甫养正书附来书

顷闻同参兄桂公述吾师悲愿弘深，净功圆满，不胜渴慕。养正久发出世心，奈俗缘牵绊，有名无实，舍己芸人处极多。加以宿业深重，当应事之时，心易走作。诚恐颓㬏日下，光景易移，不早办前程，自误误人，伊于胡底，常欲访求名宿，一问初津。今遇吾师，实为三生有幸。吾师向来念佛得力，果从何处下手？幸详示焉。

顷由伯华递到手函，得知足下向道情殷，欢喜无量。大凡此事，入手切须纯正。闻君向阅邓厚庵之书，恐非学道正轨。今略指数端，请详察焉。

邓氏全书，刘华轩军门刻于金陵，共百余万言。其首卷《性学语录》第一篇，立论近俗，于第一关明言之，第二关则隐言之，使人不能晓，而令其求真师。外道作用，大抵如斯也。次章论性，乃云"心思总在性上用功"，是以六识缘八识见分以为真性也。又云"道中之法”，是于非道中强执为道，并于非法中强执为法也。孟子“搏而跃之，激而行之”一章，最不合性理，邓君奉为准绳，可见其不知性矣。

邓君每以孔孟并称，而未尝称孔颜，是不知圣贤之阶差也。孟子未入孔圣堂奥，书中历历可指。宋儒以四子书并行，俗士遂不能辨。邓君坐在宋儒窠臼中，何足与论大道耶？

《观音阁语录》第一百八十四叶云：“上帝为太极之总纲，包羲为次总纲，儒释道为分见之总纲。”此等语言，为西教之先导，他日必有因此而舍三教、专崇基督教者，其害可胜言哉？按：儒家所说上帝，即佛经帝释；道家所说元始天尊，即佛经大梵天王。佛未现身，大梵天王自以天地万物由我一念而生，故亦名为大我慢天。佛现身时，梵王帝释请佛说法，恭敬供养。是佛为十法界之尊，帝释但为欲界三十三天之尊，梵王但为色界初禅之尊，有世间出世间之别也。

《性中天遗训后集》卷一第十三叶，以儒为阳教，以佛为阴教，且云“聚大地真阴之灵，生一阿弥陀佛”。此种语言，不知用何等心捏造而成也。又第九十六叶“释家本旨”一章，言佛法如珠光，从幽洞中引出；儒教如日光，出洞见日则不用珠光矣。此章借牟尼宣说，较之他人谤佛过百千倍，十方泥犁不知何时得出也。皖北有鲍老翁者，盛称邓氏之道，云邓氏不假乩坛，但心念某神，神则附体，信笔疾书，皆神之所为。以《楞严》证之，即天魔飞精附人之类也。信之者众，亦魔力所摄。将好心学道之人，牵入魔网而不自觉，可不悲哉？

承问念佛下手处。昙鸾法师有“无后心、无间心”之语，信内“光景易移”、“早办前程”等语，是有后心也。人命在呼吸间，何能存此后心？无论千念万念，只用当念一句以为往生正因。前句已过，后句正出，亦在当念。如是，则心不缘过去，不缘未来，专注当念一句，是谓事一心；无论何时可以往生，久久纯熟，当念亦脱，便入理一心，生品必高。其无间心，即是无后心之纯一境界也。欲明佛法深义，须研究《起信论》，并将《净土三经》及《往生论》，时时阅之，于出世法门，自能通达矣。

与梅撷芸光羲书附来书

去岁蒙教，获闻妙法，亿劫颠倒，今始知归。此德此恩，粉骨碎身未足报也。自叩别尊颜，倏忽逾月。尘劳碌碌，无得暂停，浊世浮沉，必将退堕，茫茫后顾，实为可危。惟有仰求我师慈悲哀悯耳。此间诸人，宗旨各异，妄想分别，无量无穷。弟子窃不自量，颇欲为之讲演，而智慧辩才又不足以任之。奈何！奈何！窃念今日娑婆世界，现身人世，破邪说，立正义，普救群生者，惟我师一人而已。虽复众生业重，佛法当前，不觉不知，然以我师大慈大悲，度必有哀其沉沦而为之垂救者。弟子用是敢至心恳请转大法轮，于无说中方便开示。窃闻相宗各书，以《成唯识论》及《瑜伽师地论》为最要。《成唯识论》，已有窥基大师之《述记》，而《瑜伽师地论》尚未见有注释。我师达一切法，具一切智，可否将此《瑜伽师地论》详加注释，俾诸众生有所仰赖。此固我师之慈悲，亦即弟子之所请求者也。弟子拟于二月中旬乘轮入都。承命查询各种古逸佛书，俟到京后当为详询，如有所得，再当报命。桂君穆仲已抵金陵否？

现寓何处？暇时尚乞致意。

前接二月十一日手书，情词恳切，溢于墨楮。世衰道微，非具此等心肠，焉能自他俱利？所云防退之法，无如念佛生西。不论何等根器，信入此门，便能直超三界。但智愚不等，各有障阂，欲破其障，甚不容易，惟以大悲愿力，随机化导，不以法缘通塞易其心也。《瑜伽师地论》，有唐僧遁伦作记八十万言，已从日本传来，可以发明论义，若有刻资，即当镌板；《唯识述记》，顷已出书，俟足下京寓来函，再当邮寄。穆仲于二月初旬到宁，现居敝寓，研究《起信》、《十二门论》、《法界观》、《十玄》、《六相》，渐通门径。现阅《楞严正脉》，颇知经义之妙。知注附及。

与吕勉夫佩璜书

顷接手函，领悉种种。身居学舍，而能专心向道，诚为希有。《楞严》、《维摩》二经，初学难得头绪。文约义丰者，无过于《大乘起信论》，熟读深思，必能贯通佛教原委。承问堂课与读经、外操与坐禅有无妨碍云云。堂课之暇，研究内典，毫无障碍；惟坐禅一法，只能专修，与劳动之事，两相违背，纵修亦不得力。念佛法门，则时时可行，其得力甚速也。入门方法，以研究内典为本。须将《大乘起信论》读诵纯熟，再看《纂注》、《直解》、《义记》三种注解，由浅而深，次第研究。此论一通，则一切经皆有门径矣。坐禅之法，只能专修，若有他事间杂，决不得力。唯有念佛一门，无论作何事业，皆可兼修，且收效最速，一生净土，即登不退地也。腊月放假时，若能到金陵度岁，即在敝处下榻专心看经，每日可抽一小时讲解，一月之内，必能通达佛教大旨矣。

与王雷夏宗炎书

接十七日手函，领悉种种。《释迦谱》一书，久欲刊板，而无来款。贵友欲刻此书，可喜之至。但敝处所拟刻者，是藏经内十卷之本，与现在流通之本绘图二百余幅者迥不相同。此本原名《释迦如来应化事迹》，世俗呼为《释迦谱》也。十卷之本，弟有明刻，二十年前交卓如兄，至今未还。若欲发刻，须将原书索回，否则无可借也。刻赀约在二百数十元。阁下时阅《坛经》、《梦游》二书，居尘劳扰攘之中，欲求证入，诚非易事。且《坛经》所接之机，惟在上根利智，数十年来未见其人。学者但贪其一超直入，求之终身，而不免于轮转，反不如专修净土之为得也。弟眼昏手颤，复书甚难。顷得代笔者，始能作答。前由郭小艇寄新作《四经发隐》二册，一赠令兄道农，一请公余流览，想已达到。

与陈大镫、心来书附来书

先生现白衣身，为如来使，宣说法要，捞摝人龙，镫等获与同时，幸甚幸甚！镫等闻灵峰大师言："众生无始而有终，诸佛有始而无终。"审如是，则未来九法界当成一佛界矣，云何经说"佛界不增，生界不减"耶？若云三界外别有众生始起者，则是天魔外道之语；若依台宗四不可说之例释之，又近乎颟顸佛性，侬侗真如。镫等旁考深思，终未得灵峰之意。傥先生悯镫等日罥疑网，挥智刃以断之，则镫等之所深愿，而不敢期矣。

接读手函，得悉二君向道情殷，殊深钦佩。灵峰之言，就生灭门说，其义出于三藏教典，非臆说也。经中所言“佛界不增，生界不减”等义，就真如门说。盖实际理地无佛可成，无生可度，而言有增减者，皆众生心中虚妄计度也。贤首云：“非有灭度，令有终尽。非无终尽，有不灭度。”台宗四不可说之例，深契教义，不可疑为颟顸侬侗。此是甚深道理，非法身大士不能说也。盖释氏书中，时而说有，时而说无，时而说权，时而说实，初学之时，最难融会。及至用力既久，豁然贯通，则语语印心，毫无疑义，岂非大快事哉！《大乘起信论》一卷，为学佛之纲宗。先将正文读诵纯熟，再将《义记》、《别记》悉心研究，于出世之道，思过半矣。鄙人年老手颤，复书甚难，若能于年假时到敝处面谈，亦出世法中之胜缘也。

与李质卿□□书

江程千里，一苇可航。弘经三十载，消息未通。小儿从公贵治，始得法流相接。因缘会合，迟速有时。瞻望楚云，曷胜神往？顷接手函，过承奖誉，临风展诵，感愧殊深。贵处同志集款请经，以为公共清修之所，此等胜举，非夙具超世善根，何能兴办？三界轮回中，肯信出世妙法，是为难中之难。弟学佛以来，将近四十载，苦心孤诣，流通经典，为烦恼海中设一慈航，普度含灵。无如信之者寡，纵有信心，能虚心用功、经久不退者，更属寥寥。今知贵处信士众多，同心向道，不禁欢喜踊跃，赞叹不置。将来研究内典，深入佛海，各抒所见，以慰鄙怀，则幸甚矣！奉赠《起信论》正文十本，请分赠同志。学道之初，首先熟读，再阅注解。通达此论，则一切经典易于入门矣。

与郭月楼道直书

接奉手函，敬悉一是。细阅经本，未能深信，请为长者陈之。俗间所传《高王观音经》，古人已辩其伪，谓高齐时诵《观音经》而脱苦者，应是《普门品》。后人求《观音经》而不可得，因伪撰一本以实之，而文理全不类经意也。今来西域经册，全是梵语，八字成句，系梵本中之偈颂，不知番僧何所据而指为《高王观音经》也。且译经之例，惟咒语不翻文义，其余长行偈颂，均须翻作中国语言，使人通晓。今一律照梵音书之，亦不合传经之法。是以未便承刻。敝处创办之始，公议条例：凡有疑伪者不刻，文义浅俗者不刻，乩坛之书不刻。谨将原册奉还，方命之愆，伏祈原宥。

与廖迪心世臧书

顷接来信，得悉种种。前与李提摩太所译《大乘起信论》英文，函询数次，未曾刷印。足下为尘劳所扰，不能专修，盖由前生不求生西，遂致投胎转世无自主之权，惟有顶礼观世音菩萨，求哀忏悔，持诵大悲神咒，消除宿障，自能稍遂本愿。此时学佛法，不能求证道，若求证道，反遭魔障，但须专念弥陀，求生净土，舍报之后，不受轮回。若欲断绝世务，方能学佛，则举世之人得出轮回者，鲜矣！我于二十六岁学佛，二十七岁丧父担任家务，十余口衣食之资，全仗办公而得。日日办公，日日学佛，未尝懈退，至五十三岁，始能专求出世之道。然不能求现证，只在弘法利生上用心，以为往生净土资粮，此是超出三界之捷径也。若心欲参禅悟道，心如止水，亦不能免于转世。足下偶得玄解，皆是宿习发现，证知前□学禅，不求净土，以致转世之后，□□自由也。

函中所云"收效于数十年之后"，非也。一日念佛，一日往生；日日念佛，日日往生。无论何时，命根一断，即生净土矣，何须数十年之后耶？迩来艰于运笔，远方来函，皆不作答，并以附闻。

与某君书

鄙人初学佛法，私淑莲池、憨山；推而上之，宗贤首、清凉；再溯其源，则宗马鸣、龙树。此二菩萨，释迦遗教中之大导师也。西天东土，教律禅净，莫不宗之，遵其轨则，教授学徒，决不误人。近年自远方来就学于敝处者，颇不乏人，住时长短，各听其便。有九江桂姓者，相依最久，用心恳切，将来造诣，未可量也。贵处如有愿就学者，无论僧俗，均可前来，但须聪颖之姿，若禀性鲁钝者，不能受益。鄙人所期于后学者，将来可作人天师表，开阐如来正教，不入歧途，不落权小，则末法衰颓之象，或可振兴乎！

与陈栖莲汝湜书一

经云:“无我相,无人相。”君之烦恼,人我相害之也。又云:“度尽众生,离众生相。”虽名为妻,只是法界中一众生耳。教妻如教外人,则毫无障碍矣。行菩萨道者,与世俗心路迥然不同,所以慈悲喜舍,人莫能测。愿君超脱俗情,勿以凡夫自居,则回翔自在,何碍之有?日本有冠注《八宗纲要》颇详,可以购阅。

与陈栖莲汝湜书二

昨晚接来信,阅知种种。公衡病重,居士为之护持正念,亦多生善根,方有此胜缘也。《无量寿经》云:“至心称阿弥陀佛十声,即得往生。”何况平时向道心切,临终又仗他力,必能往生无疑矣。寄上《唵字》、《大宝楼阁咒》各一张。考经文以《大宝楼阁》为最宜,若世寿未尽,或转危为安,亦未可知。

代陈栖莲答黄掇焦书一

接读尊示,崇禅宗而轻净土,大凡学佛者往往有此见解。仁山长者发心之初,亦复如是,直至用心既久,阅历较深,始知旧日之非,翻然改悔。盖净土法门,非大乘根器不能领会,故《华严经》末,普贤以十大愿王导归极乐,为五十三参之极致也。至于《观经》,在净土经典中尤为超妙。从凡夫地，修至第九观，即蒙佛授记，已入初住位矣。若禅宗，在唐时出现诸大宗师，皆是菩萨应身，非浅机所能企及。近代自命大彻大悟为人天师者，命终之后，难免隔阴之迷，随业流转。较之往生净土、直登不退者，相去奚啻霄壤哉！《初学课本》内三十页之前半及四十二页之后半详论此义，祈阅之。

代陈栖莲答黄掇焦书二

道家之阳神，乃佛经之业识也，所证果位，在欲界以下。必须超出三界，永脱轮回，方称大丈夫事业。若论三教，儒道之高者，始能与佛理相通，皆是菩萨影现，行权方便耳。至于《吕祖全集》，无意求观，恐妨阅经功课也。《金刚五十三家注》，仁老言其驳杂，劝人勿阅。《十六观经》法，与禅定迥不相同，盖观成得生极乐，上品入正定聚。修禅定者，欲入初禅，已属难之又难，况历二三四禅，以至灭尽定，而得声闻果？但闻其语矣，未见其人也。所以阁下二十年之功，尚未脱落根尘，方诸祖师禅，远之又远也。以弟愚见，单就净土一门用功，一生净土，无法不通，岂非出世大英雄哉！

等不等观杂录卷七

与日本笠原研寿、南条文雄书

弟在沪上与松本上人谈次，得悉真宗高士，有西游者秉拂于英。顷至伦敦，晤末松氏，询知二公退居学地，精习梵文。惜离都稍远，不获访造，瞻仰高风，钦佩靡已。弟潜心净域十余年矣，愿持迦文遗教，阐扬于泰西诸国，苦于言语不通，无从启发。上人在英日久，与此邦人士定多讲论，其中有信心不疑者乎？现在所诵梵文是否三藏教典？今文与古文同异若何？大乘经论流传印度者尚存几部？上人当能洞悉底蕴，敬恳详细见示为幸。上人功课之暇，若能将印度字母谱写出一纸，以英文配其音，以汉文注其法，俾弟亦得稍知崖略，则感荷无涯矣。弟在伦敦再住十余日，即赴巴黎。行云流水，本无定踪，有时蓦地相逢，亦未可知也。

与日本南条文雄书一附来书

去月辱惠书，得悉君曾逢松本白华于上海，顷到伦敦，遭末松谦澄谈次，每及弟等之事，遂有此赐，何幸加焉！方今泰西诸国学术进步，熟读梵文三藏教典，从事于译出者，固不为鲜矣，其人之信否，则非弟等之所得知也。现在所诵三藏教典，与彼罗什、玄奘等之原本无异。其中佛经梵文别存一体，往往有以方言代古语者，是以虽印度学士，甚难读之。大乘经论，尚流传印度东北尼波罗者，其数颇多。晚近印度及泰西学士，得其写本，刊行布世者，已有数部。弟等曾得唐日照所译《方广大庄严经》之梵文，此其一也。小乘三藏教典，今尚存于锡兰岛，其文则所谓巴引理语者，而非大乘教典之梵文之类也。印度子母字音表二样，写以应高谕。若夫详解，则请读文法书。唐僧智广著《悉昙记》，其梵字即尼波罗文字也，而注发音之法，如稍详者。今别钞录，以供参考。不知其配音之文字，果当乎否？请赐教示。弟等今汲汲于学事，不得趋拜，遗憾何限！唯愿他日得相逢、罄情绪，不宣。

前接覆书，备承指示，并得印度字母新旧二种，庆幸无涯。谐声之法，滥觞于此。虽未涉其支流，却已探其本源矣。非二公之赐，何由见之？旧译陀罗尼有二合以至四合者，如音答啰，音勃笼，皆二合也；音体哩咽窨。音纥利伊斯，皆四合也。研其字体，实有二三字相合而成，未知近年仍用此法否？乾隆间所定《同文韵统》，首列天竺字母十六字，翻切三十四字，与尊示二种大致略同。至下文排谱，均以唐古忒字代之，系西藏喇嘛常用文字也。君所得刊本《大庄严经》之梵文，外面当有英文注出经名及发售之处，请示悉，以便觅购。弟纵未谙，亦愿备此一体格耳。奉赠小照二幅，以当面谒。尊相如蒙见赐，幸甚！

与日本南条文雄书二附来书　覆书

前此连夜遭遇快聚，颇医久渴。且见赠以玢编奇书，读阅之余，大有所得，感谢靡已。弟归牛津已过一旬，未作一书对君前夜之高问，太旷友谊，伏乞宽贷。贵问曰："梵呗者，音声转变之妙也。梁《高僧传》有唱诵一科，想见古时声学之精。今印度梵僧声学尚有古法否？"弟闻文法之精密，梵语为最。昔有波儞尼仙，以诗句作《声明论》，即梵语文典也，其教语言之用法与发音之定则最详。婆罗门教徒到今背诵全部，讲习不已。有一年少梵僧，今在牛津，即婆罗门教师也，能谙诵此文典，辨音声之事，并能以上古梵语谈论。弟尝访其居，闻诸其人。婆罗门教徒之敏于明记不忘也，不啻文典，如所谓《四吠陀书》，亦自古谙诵以传之，不别要用简册。此事欧人之所信而不疑者也。后世梵僧，亦往往笔诸于书，晚近到欧人，遂有《吠陀》及文典并诗篇等刊行之举。虽然，梵僧之古风尚行其间，与二千年前殆不见其异云。夫声音以代文字，以传其教书，则声学之不可不讲也必矣！婆罗门教徒之于《吠陀》也，以为章章句句皆生于婆罗门神之意，是以人类唯得闻而传之而已。如笔诸于书，则侮神之甚者。故因声音以保存教旨，一误声音，则教旨不明，教徒当迷歧路。此所以印度婆罗门教徒之到今讲声学之古法孜孜不倦也。我佛陀教之起也，佛灭度后，摩诃迦叶波集五百大阿罗汉于王舍城，编集佛说。阿难陀唱诵《修多罗藏》，所谓经也；优波离唱诵《毗奈耶藏》，所谓律也。于是乎印度始有文书。然其遗书不存于今。后二百余年，有阿输迦王，殆领印度全国，乃命臣民所在建多数窣堵波，并石柱，且有岩石处直刻文其上，皆用其方言。唐僧玄奘之时，存者不下十数，见《西域记》。晚近欧人发见其遗存者数个，译以欧文，刻以传世。其文中述佛教精义，简而明矣。印度古文书之存于今者，以此阿输迦王告示文为最古矣。案：梵呗以极音声转变之妙者，亦印度之古风，而其滥觞盖在婆罗门教徒之间，而佛陀教徒因袭用之，《高僧传》中遂有唱诵一料欤。记君前夜问弟以《大乘起信论》梵文之存否，而弟不作其对而止。明之《北藏》中，有《至元法宝勘同总录》，其中以梵文之当时存于贵国者，与译文考较，附以梵文书目。书中举《大乘广五蕴论》、《宝行王正论》与《大乘起信论》之二译，云“右四论蕃本阙”。蕃本，谓梵本也。由此观之，则《起信论》之梵文，唐代以后如不复传于世者。弟读贵赠之《净土三经论》，其《无量寿经起信论》中，作者之评赵宋王日休也，当矣。然于其自用曹魏康僧铠译文，或得无效尤者乎！何脱僧铠之译文如此其多？虽作者已云“今略仍旧第。有当合者合之，经中义句间有繁复，谨参他本，重加参定，但去繁复，不敢更有增易”，乃至“庶几尽善尽美，不使后人少留余憾，读者详之”，弟详读之余，聊不得无余憾也。抑译文正否之判，固非得原本而比较考定之后，则决非可为之业也。弟尝评王日休之《大阿弥陀经》云尔，今于此论，亦不得不云尔也。此弟等之所以汲汲欲得原本也。弟今幸得《无量寿经》之梵本，英国有三写本，佛国有二写本，皆得而校之，其大旨与康本同。弟之梵本，终始颇简短，较与赵宋法贤译本同。如其详悉，则请俟梵本刊行之日报之。今有一事，依梵本得判正否。《无量寿经起信论·古佛出兴第五》之下作者云："《宝积》本从锭光上溯往世，过五十三佛，方至世自在王，俱用逆数，于此全异。然他译本多从顺数，未知《宝积》别有据否？"弟案赵宋法贤亦用逆数，弟恐菩提流志、法贤共过矣，或其所用梵本有异同而然也。然依弟之梵本判之，则《宝积经·无量寿如来会》与《无量寿庄严经》之不得其正，可知也。况于后汉吴魏之三译，既已用顺数，能与弟之梵本合乎！《观无量寿佛经》之梵文，弟未闻其存否。唐僧善导曾作《四帖疏》，细释此经。日本有刻本数种，未知贵国亦有此刻本否？《阿弥陀经》之梵文，弟曾呈其一本。君前夜要弟以其梵文之译音，君能解英人所用之罗马文字之译音，则弟当作其译音一本以应命也。君云君曾读真宗教旨，其大旨同是引导众生于无量寿佛大愿海中者也。然弟曾闻庐山之说，间与终南异。终南者，谓善导也。弟已读《莲宗宝鉴》。若有他之好书，以可容易解知庐山宗旨者，请幸教示。抑君果属庐山乎？将别成一家乎？弟未知之也。弟今呈君以《大云请雨经》梵文钞本一册，幸纳焉。此经有宇文周、阇那耶舍之二译，隋那连提耶舍之一译，不知今尚为贵国人所用乎否？时方炎暑，伏祈自重。

昨接赐函，备承指示。临风三复，欣慰无涯。承答印度声学一则，至为精详。数百年来，东土无人知此矣。《大乘起信论》既不能得梵本，将来即据梁译翻成英文，或亦欧人入道之胜缘也。尊论彭氏《无量寿经论》，非深研梵本者不能道。彭氏当日见五译之不同，故有此作。今幸足下求得原本，他日校订妥协，华梵并书，弟愿刊布东土。善导尊宿作《观经四帖疏》，中华未见，当求之贵国。支那所传者,《妙宗钞》也。《阿弥陀经》之梵本,请君以罗马字译其音,以华文译其义,仍梵文原式,作三排横书,并留空地一排。如蒙作成,弟归时当登诸梨枣。弟闻法以来,世业多而学力浅,大乘之机启自马鸣,净土之缘因于莲池,学华严则遵循方山,参祖印则景仰高峰,他如明之憨山,亦素所钦佩者也。用力不专,而岁月虚度,如来说谓可怜悯者。庐山之书,未曾多见。尝闻贵宗说法,专提他力信心,普被群机,摄受无遗,与今时传天主耶稣之教者,外同而内异也。夫生天受乐,未脱轮回,念佛横超,永无退堕。此理一明,导欧美而归诸净土,易于反掌耳。抑更有请者,提倡宗旨,似不必全遮圣道,盖一类世智辩聪之流,不向圣道门中体究一番,则不能死心蹋地归依净土也。弟近日以念佛往生为正宗,以弘法度生为助缘,既无专师,但求不背经旨而已。承赐《大云请雨经》梵文,实深感谢。此经除藏内旧译外,乾隆年间又有钦定之本,系喇嘛所译,今时北京喇嘛常用者也。弟返巴黎未有定期,君到龙动,请至敝馆会陈左二君,则知弟行踪。大驾到巴黎时,弟定在巴黎,可作数日谈,盼甚盼甚!尊处如有玄奘法师《西域记》之华文,望带至巴黎,以便查考印度古迹也。

谨案:先生于华严启自方山,后乃专宗贤首、清凉。此书尚系在英伦时作,故有遵循方山一语。——编者识

附南条文雄覆书

分手以后,倏忽五旬,宿诺不似仲由之勇,惭愧惭愧!贵嘱《阿弥陀经》梵、汉、罗马文字合璧,昨来才得闲暇,草草卒业。兹将稿本寄上。梵字上所附汉字直译,与彼隋达摩笈多译《金刚能断般若波罗密经》一般,唯译一二梵语而已。如其

义译，译家两巨擘鸠摩罗什、玄奘已擅其美，今复何言？童寿所译《阿弥陀经》，最与今之梵文合。要之，梵语文法，固与拉丁、希腊、独逸语等文法一样，名词、动词、代名词、形容词，皆依语尾变化转其义意。其中梵语名词、代名词、形容词，各有男女中三性之别，每性各有单两复三数之别，而每数各有八格，曰：体主、目的、器械、附与、夺去、物主、居处、称呼，是为体、业、具、为、从、属、于、呼之八转声。玄奘门下慈恩大师窥基《唯识枢要》中，三性各举一例，略示其梗概。基师所谓苏漫多声、底彦多声者，谓梵语名词、动词也。名词中又有六种混合法，是为六离合释，所谓依主、持业、有财、相违、带数、邻近是也。窥基《义林章》第一《总料简章》，有其略解。梵语之动词，大分为三体，曰：他动、自动、受动，每体有现在第一第二第三、过去第一第二、未来之时别，及愿望、命令等之诸法，此时式法，各有单两复之三数，而每数各有第一、第二、第三之三人称，其差别一依语尾变化，时有加一字于语首者而已。此梵语文典中之大观也。《慈恩传》中举他动、自动二体，现在法之一例，惜哉其解未甚详悉。梵语变化，既已如此，然而今泛然以无变化汉字充之，则失其原语之真者固不足怪也，况于文章中文字言语位置排列大异其体乎？宜矣哉！蕅益大师智旭《阅藏知津》中评达摩笈多所译《金刚经》，以为文拙甚。然此非其文实拙，唯由其原文文法之异，旭师不知其为直译，是以有此评也。今试举一例以述之。汉译佛经卷首，初明众成就中，往往有“与大比丘众千二百五十人俱”之十二字，达摩笈多译其梵曰：大比丘众共半三十比丘百。此与梵文语合。而第二之“比丘”，汉译常转为“人”。此直译中，其尤奇者，为“半三十”、“百”之四字。

如准此四字次第，以半三十为十五，则有或解为千五百之数者，亦未可知也。然童寿、觉希、真谛、玄奘、义净，皆同于其《金刚经》译文，举千二百五十之数。然则笈多独为有梵文异本乎？曰：否，不然。今案梵文所谓众成就之一段，其语皆依第三转具声，“与大比丘众千二百五十人俱”十二字之原文中有四个之第三转语，与一个之不转语，曰：महता भिक्षुसंघेन嘛哈答阿拔哈、伊蠕乌萨迎噶哈厄纳，是为二个之单数具声，第一语乃形容词，译为与大。第二语乃依主得名名词，译为与比丘众。汉译中常除第二之“与”字，与前形容词合，于是乎“与大比丘众”之五字成矣。笈多并略两个与字，曰：सार्धं萨阿呼达哈模，此是不转语，而常立第三具转名词前，而与之合者，译为“与俱”，汉译中亦除此“与”字，故第十二“俱”字成矣。笈多译为共，曰：अर्धत्रयोदशभिर्भिक्षुशतैः阿呼达哈得喇衣鄂达沙拔哈伊呼拔哈伊蠕乌沙得厄厄斯。是为二个之复数具声，第一语乃带数得名名词，而形容第二语中所示比丘之数，译为与半十三，汉译略“与”字如前，而笈多之译“十三”为“半三十”者，固非无其理也。抑梵语数目，十一以上，到九十九，各目各一语，则固与汉语之二字或三字列次者不同，但其同一语中含有二数目之语基而已。而其语中小数语基，常在满数语基之前，故十一为एकादश厄嘎㊀达沙㊉。十二为द्वादश德斡阿㊁达沙㊉。十三为त्रयोदश得喇衣鄂㊂达沙㊉。十三以上，到十九之数目，英语亦同其轨。而梵语二十为विंशति无伊昂विं沙得伊शति，三十为त्रिंशति得呼伊昂त्रिं沙得शति。英语亦同其次第。梵文十三之数目成语次第如此，是以笈多虽随其语基之位置，敢与汉译次第反译为三十，而固非指满语之三十也明矣。今之梵文十三数目前，冠小语阿呼达达哈，译为半者，然则半十三之数，非是六半乎？曰：此亦不然。此半十三之语非独立语，固属次语者，于是乎读者不可不详解第二语也。第二语भिक्षुशतैः亦带数得名名词也。译为“与百比丘”，汉译略与如前，笈多亦逐语基位置，译为“比丘百”，此“比丘”汉译常为“人”。如前所述，于是乎第十一“人”字成矣。今所余有“半十三百”之四字，以不可不得第六以下“千二百五十”之“五”字也，如何而就半十三百可得此数乎？无他，十三百是千三百也。今有“半”字以标半百之减数，千三百中减杀五十，于是乎“千二百五十”之数成矣。右唯举一语以证梵汉二语之所以大异其撰也。记本年夏月在伦敦，与君及陈左二君快聚联吟之夕，偶话及此“半三十百”之梵语，弟时作略解，博得三君之一粲，其景况历然在目。今也离居三处，不知何日寻快聚之盟，重证此事，回顾怆然。今举旧题，作之细释，再渎电览。

与日本南条文雄书三

七月初五日，由贵邦岸田君转致尊函，展阅之余，如亲雅范。并悉前赐一书，由松江君转递，仍未达到。沧溟远隔，未能觌面倾谈，良可慨也。大驾东归时，曾游历印度否？窃愿闻之。承寄梵文《般若心经》及《尊胜陀罗尼》合本，不啻百朋之锡，出以示同志诸友，无不欢喜踊跃，叹为希有也。从前承寄书册，误于邮者之手，未得寓目，深以为歉。敝友沈君仲礼阅英文新报，见足下在牛津阐扬梵学一段，并及弟名。惟愧募刻藏经，至今尚未完成，无以仰副同学之望耳。印度僧来游之说,未有所闻。弟前言遣幼童学习梵文者,在第三第四二子也。不意回国时,二子已逝,此时颇难其人,当以俟诸异日。所需《五百罗汉尊号》一卷,惟金山《龙藏》内有之,迟日托人钞出,再行奉寄。大清新译《般若心经》,弟未闻有此本。若至北京,再当询之。顷在旧书店内,觅得《同文韵统》一部,计二本,特以奉赠,祈鉴收。兹有恳者,尊著《华梵字典》及梵文《无量寿经》,乞各惠一本,不胜翘盼之至!

与日本南条文雄书四

旧岁十一月十八日,接到九月初一日手书。以信面所写英文,上海无处可投,辗转于长江各口,然后递至金陵机器局,适敝友沈君仲礼见之,始得达到。展读之余,备悉查考《法华》梵文,欣慰之至。承问北京、天台、五台三处梵文,非弟亲至其境,莫能详悉。十二月初间,陈君松生起程,弟送之上海,请其晤君时,将致信上海之英文,写存尊处,或晤时适忘之耶?今年九月十三日,接到七月初五日手书,系由义夫白君处转来,始知今年二月承寄《圣教目录》一部,六月承寄《无量寿经》、《阿弥陀经》梵文合本一部,均未达到,未知沉浮何所矣。详君尚留牛津,写《金光明》、《入楞伽》等经,马博士将译《无量寿》英文,净土一宗,定能传之欧洲,皆上人之力也。笠原君养病于东京,不胜系念。河田、竹村、末松诸君均无恙,稍慰鄙怀。知君归期在来年,把晤非遥,曷胜盼望。但弟行踪无定,一年之中必游历一二次,或数月而后返。君到上海,请先赐一信。弟在金陵,便当遣一使奉迎,与君盘桓于蒋山、淮水间，作数日畅谈，亦胜会也。若弟他往，则敝寓无人接待，恐复函亦致疏略矣。敝友沈君名善登，字谷成，浙省太史公也，居上海，问中国电报局便知。此君尊崇净土，近闻大驾将归，开梵学于东瀛，亦愿遣少年俊士从学。君到上海，可一访之。

与日本南条文雄书五

华历七月间，岸田君寄到手函，如亲雅范。承赐梵文《般若心经》及《尊胜陀罗尼》一册，欢喜无量。曾泐芜函，并奉赠《同文韵统》一部，交岸田君转致尊处，想已达到。后接松江君寄到尊函二件，备承详示，不啻觌面倾谈。并梵文《无量寿经》及《小弥陀经》一册，《令知会杂志》一本，展阅之余，欣慰弥深。方知大驾回国，系越美洲而来，印度之游，尚未如愿。弟现承刘星使之召，又当从事英伦。他日傥有机会，得随杖履游历五天，瞻礼如来应化遗迹，是所深愿也。出洋之期，约在两月以后。俟到伦敦，再当泐函奉报。所需《五百罗汉尊号》一卷，已请宝华山主藏僧钞出，寄呈台端，祈查收。如蒙赐缄，仍请寄由松江、岸田二君转达敝处，不致有误。

与日本南条文雄书六

两月前接岸田君寄到手函，并惠赠梵文《无量寿》、《阿弥陀经》合本、英译《明藏目录》、翻刻《造像量度经》、《阿弥陀经音义》两译、《牛津图书馆目录》，共七本，拜领之余，良深感谢。顷到沪上，接松江君交来手书，并梵文《法集名数经》一本，欢喜无量。上人教授梵文，孜孜训诲，造就人才，未可限量。东方佛经，华梵并行，实自上人始也。英伦既翻佛经四本，又刊《明藏目录》，大教西行，上人与笠原君，可同摩腾、竺法兰并称矣。弟五日后即当随使节出洋，到英之日，再行奉报。尊函所述诸君，见时代致盛意。

与日本南条文雄书七

五年前接到赐函，并书籍数种。自是以来，未通音问，伏维上人少病少恼，起居轻利，不胜遥颂。弟于前时随同刘星使前赴欧洲，住伦敦三年。去岁夏间回国，仍经理刻经事，十余年后，当可完成。近日在北京觅得梵文《字母谱》一卷，《身心语》一部，均系番经式样。兹因舍亲苏少坡赴贵国之便，特以奉赠。《身心语》卷中未知是经是咒，便中略示教言为荷。贵处梵学生徒，想见造诣精深，奘师而后，于兹为盛。唐以前佚书，贵国间有存者，弟欲觅晋时支道林、竺道生著述，另开于后。如可觅得，祈代购数种。傥寺内尊藏之本，不能购买，可属苏君钞稿寄回，不胜盼祷。

与日本南条文雄书八附来书

日前贵亲苏君来过敝处，因接到赐函，并梵文《身心语》

卷一册，欣喜靡已。伏维道履无恙，再赴欧洲，居伦敦三年，而今已归来，仍经理刻经事务，期其完成，不堪欣贺。弟去岁以后，在东京教授梵英二文学，又演说佛教，颇得同人。今案：贵赠梵文《身》字一卷，《佛说佛母宝德藏般若波罗密经》之原本也。此经赵宋法贤所译，在《明藏》临字函。《语》字一卷，题曰《圣文殊师利说》，未见其汉译。《心》字一卷，《普贤行愿赞》之原本也。此赞唐不空所译，在《明藏》唱字函。弟往年在英国，借览《金刚经》及《行愿赞》之梵文于露西亚国圣彼得堡府大学，其式样实与贵赠同，故望蜀之念勃起，不可抑也。贵处复得《金刚经》及他经梵文，则请使弟阅之。贵嘱支道林、竺道生著述，弟未见闻其现存，故无由钞出之。别单所记陀罗尼等诸书，亦未保其尽存日本与否。弟今日邮致书目于西京经书局，命转送书籍。到之日，当交苏君转寄贵处，另开于后。之外恐未易觅得也。

顷由苏君寄到尊函，展读之余，如亲道范。欣悉贵体无恙，传授梵英二学，弘扬佛教，为后进津梁，殊深钦佩。承示《身》、《语》、《心》三卷大意，如暗遇灯，欢喜无量。他年若到北方，当再求觅。如有所得，即当寄呈台端。喇嘛所诵之经，均系西藏唐古忒文字，非梵文也。笺末所开经书十八种，渴望之至。惟《净土论大意》系日本文，弟不能读。其余十七种，均求代购，其价由苏君奉上。此外如有古时支那人撰述各种，为《明藏》所无者，无论敝单已开未开，均祈代为寻觅。支道林、竺道生论著，甚为难得。贵国存储古书之所，若有陆澄所集《法论》，则其中当得几种也。沧溟远隔，聚晤何时？每望朝暾，伊人宛在。

与日本南条文雄书九

未通音问者，将及两年矣。风恬浪静，一苇可航，法事有缘，仍欲相访也。顷拟筹措游资，亲赴贵国参谒高贤，行期约在一月之后，未知彼时阁下仍住东京否？傥在巡教之期台驾他往，则弟到时无东道主人可托，一切求觅内典之事茫无头绪，未免望洋而叹也。弟并拟赴西京及各处名蓝收藏古本章疏之处，次第寻觅，未识贵国常例准支那人随意游历否？均祈详细示知，以定行止。弟拟携次儿同行，因其略知英语，虽不敷用，聊胜于无也。或到横滨雇一通事偕行，但恐价昂，无此巨款耳。

与日本南条文雄书十

未通音问者，两年余矣。秋水伊人，时深葭溯，伏维道履增绥，至以为颂。弟比年来每思渡海而东，与诸上人畅谈衷曲，兼可求觅未得之典，第以身体衰弱，艰于步履，又无传语之人得以偕行，因而中止。贵国寄来之书，现已刊出几种，寄呈台览，兼赠知交，用伸法供。再求代购释典，另单开列。随得几种，请由上海本愿寺松林上人处转寄南京花牌楼池州杨公馆，定能达到。所有购书价值及寄费等款，均乞暂为垫付。赐信示悉，即当汇寄归还。纸短情长，不尽欲言。

求代购章疏开列于后：

《法华五百问论》三卷湛然　《略止观》六卷梁肃，世称删定止观　《禅门要略》一卷智者　《随自意三昧》一卷台山　《金刚般若疏》二卷基　《般若心经疏》一卷靖迈　《对法论钞》七卷基　《华严杂章门》一卷法藏　《三圣圆融观》一卷澄观　《心要》一卷澄观　《五蕴观》一卷澄观　《金刚般若略疏》一卷智俨　《注金刚般若》一卷僧肇　《龙女成佛义》一卷源清　以上十四种，照《诸宗章疏录》内有朱圈者录出。

《金七十论校注》三卷　《起信论校注》一卷　《八宗纲要考证》二卷　以上三种，东华和上著述。

《大乘起信论义记》唐法藏　《观无量寿佛经疏》宋元照

以上二种，已得会本。欲求未经会合之本，看其文势断续，另行排定，以备刊板。

《大乘密严经疏》三卷唐法藏　弘教书院及东大寺均载此书，求而未得，想他处收藏古书之所或有存者。祈登载新闻报中求之。如得写本完全者，酬银五圆；刻本完全者，酬银十圆。缘此书期望甚殷，故不惜重价以购之也！

与日本南条文雄书十一

旧岁接奉覆函，展诵之余，欣慰无既。后由苏君寄到阁下代购书籍，欢喜踊跃，非可言喻。古时著述流传邻境者，一旦复归本土，因缘时节，非偶然也。弟求法之心无有餍足，兹续开单寄呈台端，祈属书肆觅购，不胜盼祷之至。唐法藏所撰《楞伽经疏》七卷，悬想甚殷。贵国既有《玄义》，古时当已并传，请向收藏古本之处求之，或购或写，均可。上年苏君函述贵处地震成灾，实堪悯恻。迩来支那境内水旱蝗蝻，时形荒歉，皆系众生业力所感。减劫时分，倍觉难堪，非净土横超一门，何能出此火宅耶？上人自行化他，跻众生于极乐之域，所谓如来使者，非乎？弟屡兴东游之志，为世缘所阻，不克如愿。何日得与诸上善人同会一处，畅聆雅教也？炎威顿减，秋色宜人，诸维珍摄，不尽欲言。

与日本南条文雄书十二

日前接读手书，并经籍十一种，曾作复函，附赠新刻内典十部，计四十四本，托上海本愿寺转寄东京，想已达到。辰维起居佳胜，至以为颂。今寄上汇票日本金二十圆，以备写经购经之用，祈鉴收。法藏《密严疏》，查弘教书院目录原载四卷，想贵国当有完全之本可觅也。弟愿出重价求之，以成完璧。再窥基有《密严经述赞》三卷，亦求代为觅购，或借本誊写，总以得见为幸！前年所得智者大师之《禅门章》，内缺百三、百四、百五三页，如能写补最妙。渎费清神，心感不尽。

与日本南条文雄书十三

半月前晤苏君于沪上，得接尊赐二缄，并惠书二十九本，赤松君惠书十四本，岛田君惠书十四本，均已拜领，感谢无极，晤二君时祈代申谢悃。奉询各款，条列于后。

一、锡兰人达摩波罗欲兴隆佛教而至上海，云在贵国耽住多日，想已深谈教中旨趣。其意欲请东方人至印度宣传佛教，未知贵国有愿去者否？以鄙意揆之，非阁下不能当此任也。

二、英人李提摩太在上海约弟同译《大乘起信论》，李君写出英文，刊布欧洲。《应用华梵英合璧字典》，李君有一本，系前时西人在香港印行者。近年若有新出之书，较前加详，祈开示英字名目，以便购用。谨案：李提摩太所译《起信论》，颇有援佛入耶之嫌。曾有人亲问先生，先生云：当时李君约同译《起信论》，李君请为讲释甚明，李君亦自言已解，乃至执笔时，仍以私见穿凿，故此后有西人请同译《楞严》等经，皆坚辞谢绝。此事之因缘如是，谨识于此，以释后人之疑。——编者识

三、英国牛津及欧洲各国所译佛经共有几种？乞示悉。

四、展读《航西诗稿》，赞赏不置。拙作列于卷首，实为荣幸。四叠亚儿碧行之韵，鄙人亦在怀友列中，此情直与太平海水而无极矣。《印度纪行》、《登台诗谱》二书，甚愿见之。台山梵筴，是何经文？便中示悉为盼。

五、承赐尊照，三复来书，不啻觌面晤谈。小影俟天暖新照一纸，再当寄呈。

六、《华严搜玄记》，来书九本，每卷皆分本末二册，惟第四卷有末而无本，实缺一册。望询问书肆中，有完全者，再购一部。

七、照来信，寄上《妙玄节要》二本，《选佛谱》二本，《西方公据》一本，《往生论注》一本，奉赠赤松君，祈转致之。又《起信裂网疏》二本，《翻译名义集》六本，《西方公据》一本，《往生论注》一本，奉赠阁下，祈鉴收。

八、《俱舍论》三十卷，贵国书肆如有善本，望代购一部。

九、苏君濒行时，曾将书籍信函往来之事，托诸中华使馆刘君子桢及吴君静轩，已承允许。日后有应付钱款，均由二君经手也。

十、尊处寄信函书籍，外面请写明寄南京花牌楼池州杨公馆字样，由上海转寄时，方不至舛误。

纸短情长，不尽欲言。

与日本南条文雄书十四

前接二月五日手函，并承赠经籍九册，后又接三月二十六日赐缄，并承赠经籍八十一册，均已拜领，感谢无极。时因奔走他方，久稽未复，中怀歉然，然思慕之忱，无日不神驰左右也。今将各款条复于下：

一、承写赠《大典六如书目》一册并状文，足见弘法利生，今古同心。百年前未偿之愿，一旦成之，想亦二公愿力加持也。

二、承赠《华严行愿品疏钞》一部，本朝《龙藏》虽已收入，外间流行之本竟未遇见。今得此部，正合他日写刻之用。梵语《千字文》，支那未闻其名，实足新人耳目也。《瑜伽论纂要》，承代写补，可成完璧。其余各种均属难得之本，庆幸无极！

三、赤松、岛田二君见赠各种内典，祈代为致谢。赤松君许赠《华严搜玄记》及《胜鬘经述记》写本、《金刚经述赞》写本，不禁引领望之。

四、赤松君欲得《法海观澜》，二十年前曾于亡友处见之，今寄信各处访问，皆无所得。傥他时遇见，当写一本奉赠。《论语点睛》阙页，照写一纸寄呈。

五、蕅益大师著书，另开一单，分别有无，寄呈台览。

六、岛田、赤松二君欲刻敝处书目，遵将作者姓名注于题下。

惟《大藏经》内所有者，概不赘名。至于新刻之书，随时增添，未能预定。

七、赤松君欲得之书并图像，及岛田君所需二部，如数奉赠，祈转交为荷。阁下欲得敝处刻本，谨择贵国所罕有者，奉赠四十二部，列于另单，祈鉴收。此外如有尊意所需者，请开示名目，以便续寄。

八、岛田君所赠《大唐内典录》一部，具见德川氏弘法之盛。弟等倡募刻经，亦后先一辙也，但迟速悬殊，实深惭愧耳。天时炎暑，伏维珍摄。纸短情长，不尽万一。

等不等观杂录卷八

与日本南条文雄书十五

顷接手函，如亲道范，回环展诵，欣慰无涯。弟近年来渐形衰老，眼昏手颤，艰于作书，而代笔者又无其人，以故远方来函，往往不能作答，实出于无可如何耳。谨将奉报之言，条列于后。

一、贵国藏经书院欲购敝处内典，须函托侨寓南京之日本人代办。所有邮寄事件，均由贵国代办人一手经理，方能稳妥。因敝处管事者仅一人，庸碌无能，除本处售书外，无承办他事之才力也。

二、藏经书院欲刊《续藏》，实为极大法缘。半载以前，接到《大藏经报》第二十四号，系《续藏目录》一册。鄙意稍有参议，须另得一册，以朱笔标记，寄呈台端，以备采择。支那同志收藏内典者，遇有可入《续藏》之本，亦能代借，但用过即须寄还耳。

三、《续藏》开刷之先，弟拟圈出数十种，商请多刷一部，以散页寄南京，计页数偿价。此事能允与否？恭候赐答。匆匆不尽欲言。

与日本南条文雄书十六

接六月十六日手函，读悉种种。今岁敝邦酷暑异常，衰老之躯，不能作事，惟有挥汗消夏而已。兹将所应复者条陈于后。

一、《续藏经目录》内朱笔标记之处，逐细查阅，第三四三慧能《金刚解》，敝处有刻本，邮寄尊处，以备印造。但此本前代高僧疑其为赝作，敝处故未刊板。

二、第四二四《法华击节》一卷，在憨山《梦游集》中，敝处流通书籍内有之。

三、第二一一《华严合论简要》，已觅得一部呈阅，内缺一页，已补足矣。

四、第一二一七《禅灯世谱》四卷，未见。敝处觅得《佛祖宗派世谱》八卷，大约与《禅灯》相同，呈备采择。

五、第八九七《彻悟禅师语录》，是乾隆年间所作弘扬净土之书，非禅宗也。敝处有刻本呈阅。

六、第一二六八《法藏司南》四十一卷，既系寂晓所作，卷数与《义门》同，恐即《义门》之别名。他日当向扬州万寿寺借《义门》全书寄上。但收藏家甚为珍惜，不易得也。

七、第九一一《指月录》原本三十二卷，其末后两卷，即是《大慧语要》，非两种书也。

八、第五二三《释摩诃衍论疏》有三种写本，批为伪疑书。若将原本寄至敝处一阅，是否伪作，当能辨之。阅毕，即当寄还，以定去取。

与日本南条文雄书十七

前接九月二十六日赐函，久羁未复，又接十一月十七日手书。今并答之于下。

一、接得书院寄来《金刚直解》写本一册、旧刻本二册、支那刻本 ·册，逐细对阅，写本略而刻本详，疑其略本作于前，后人增补其文而为详本。二者皆赝作。考古人记载，并无六祖作《金刚解》之说也。今将四册寄还书院。

二、藏经书院寄到新刷《华严行愿品疏》二部，欢喜顶受，祈转告书院，代申谢悃。宋时已有刻本，七百年间无人得见。同志诸君谋会刊之举，他日完成，再当奉赠。

三、藏经书院寄还《佛祖宗派世谱》二本，《华严合论简要》二本，并新刷二本，均已登收。

四、书院来日本金币二十圆。欲购之书，除敝处本有之外，转购诸扬州流通处。彼处现已增价，照新单核算。经籍已作小包五个、图卷一个，径寄藏经书院矣。

五、《乐邦文类》一书，贵邦刊本弟未得见，无从评定。

六、《唯识开蒙》以下十六部，俟数日后向各处取来，交邮便局寄至尊处，阅后转达藏经书院。

七、《大明释教汇目义门全书》，已托人向扬州万寿寺商借再寄。

八、敝处新刻憨山大师《观楞伽记》，寄呈三部，一赠台览，一赠真宗大学校，一赠藏经书院，祈分致为荷。

九、《大藏经报》第四十七号二十部，已分送借书各家，皆大欢喜。

十、编书者之姓氏，实难查考。一松大师疑是明朝人，然不能指定也。

与日本南条文雄书十八

接三月二十日手函，领悉种种。兹将应复之事条列于后。

一、书目中未得者，无从觅购。只有戒律二部，照墨圈寄上。

二、贵国侨寓南京之人，现无相识者，缘弟有足疾，外交全疏也。

三、敝邦藏书之家，求觅数处，得二十余种，先将目录开呈台鉴。拟将经律论注疏先行借来，寄至尊处，以备刷印。俟刷印后，将原书寄还，再将他种续寄。缘收藏之家甚为宝贵，不轻出借也。

四、借书之友欲有所求，愿得《续藏经目录》内第一九七《贞元新译华严经疏》十卷，唐澄观述，又第二一四《圆觉经大疏钞》二十六卷，唐宗密述。此二种请藏经书院刷印时多刷一部，以酬借书之美意。能否应允，由藏经书院主之。

五、《续藏目录》内第一二六一《大明释教汇门标目》四卷，东吴寂晓撰。此书除标目之外，另有《目录》四卷、《义门》四十一卷。弟在扬州见此全部，他处全无。今见目录内第一二六八《法藏司南》四十一卷，疑即《义门》之别名也。《义门》第一卷第一页第八行“右清凉叙曰”等文，至四十一卷末十五页八行“右数集并义如名题”止，若书院所得之本与此相同，即是《义门》。若不相同，拟向友人处借《义门》全书，以备书院刷印之用也。

六、目录内第三八三《无垢子注解心经》一卷，系外道所作，宜撤去。

与日本南条文雄书十九附覆书

顷接惠函，藉悉起居佳胜。承代购经籍十部，图二幅，欣喜之至。前月由苏君寄到经籍七十四部，内有町田君见赠《景祐天竺字源》三册，乞代为致谢。读大著序文，感佩何极！天竺梵文有古今之殊，以鄙意揆之，贵国所传之古体，如三代以上蝌蚪之类；《明藏》及近时喇嘛所传者，如篆隶之类；现在所行之梵文，如行草之类。质诸高明，以为何如？比年以来，承代购经籍千有余册，上自梁隋，以至唐宋，并贵国著述，罗列满架，诚千载一时也。非阁下及东海君大力经营，何能裒集法宝如此之宏广耶？前明刻书本藏经，《正藏》之外，有《续藏》三千余卷，其板毁于兵燹矣。此次弟等募刻藏经，拟将贵国传来之本，择其精要，刊入《续藏》，以为永远流传之计。区区鄙怀，未知能否如愿，全仗护法天龙神力默佑也。《探玄记》已得全本，庆喜无量。其《弥陀义记》等四部，承代借原本，寄至敝处钞写，尤为感荷。写成后，原璧归赵，不至遗失。敝单内未得之书，且作缓图，偶有所得，随时代购。法缘隐显，非思议所能及也。时序迁流，寒威增剧，伏维珍摄，不尽欲言。

附南条文雄覆书

接惠信，悉道体无恙，前代购经籍已达贵处，大慰敝怀。弟当致贵意于町田君。抑梵文字体，固有古今之殊，尊说论得颇好。然地方之异，亦如大有所关系者。日本所传之古体，即一千年前唐之日本僧弘法大师、慈觉大师等之所将来，而唐智广《悉昙字记》实用此体，是为支那梵字也。《明藏》及近时喇嘛所传者，即西藏梵字也。现在所行之梵字，即印度梵字也。英人维廉斯氏，曾附其《梵语文典》以《古今梵字沿革表》，表中列十余种之异体，而不载所谓支那、西藏梵字，盖未及见也。日本所传之古体，稍与现在尼波罗国所行之梵字相似。敢附记鄙说，以备参考。

与日本南条文雄书二十

阳历五月十六日寄上一函，并旧本经籍五包，想已达到。兹接《大藏经报》第四十三号内第八页下层载有《华严纲要》德清提挈之本，计二十四册，《华严合论简要》李卓吾述之本，计二册，均在敝友处觅得善本。藏经书院若需此本印入《续藏经》，弟可代借。但敝友所要求者有三种，即在《续藏经目录》内第五二三《释摩诃衍论疏》二卷，隋慧远述，第五二四同二卷，唐法敏述，第五二七同《通赞疏》十卷，守臻述。以上三种，如能允许在刷印时多刷一部以酬借书之美意，弟即当向友人处取此《纲要》、《简要》二书，共二十六册，邮寄尊处转交藏经书院，俟印入《续藏经》之后，仍将原书寄回。

与日本南条文雄书二十一

前接阳历五月十九日赐函，得悉大驾将赴暹罗，迎释尊遗骨。

后有自扶桑来者,知已东归,又有高丽之行。法缘所至,裨益良多,曷胜欣羡。所迎佛骨是何胜相?伏乞示悉。前田君欲得之书,已照单购去,惟三大部敝处仅有其二,《玄签》一种,在杭州昭庆发售。三部均系合本,欲全得者,须分两处购之。法藏所作《华严三昧观》,崔致远作《别传》,已用其"直心"中"十心"名目。贵国所刻《发菩提心章》录"十心"之文与崔同,并有三十心,而与《法界观》及他种凑合而成,谨知《华严三昧观》当有全本流传高丽也。祈请驻韩道友访之,并能得唐宋高人别种著作,是所深盼。《鸣道集说》,经友人索去,祈代购二本。《释净土群疑论》七卷,正拟发刻。原书朱抹太多,写者易误,请再购未经涂抹之本为幸。从前孙君购书之款,余存九圆有零,请并入弟款,作购书之用。用完之后,示悉续寄。中村醒处君住所,问北方君便知。兹有敝处新刊《云栖法汇》,奉赠一部,计三十四本,祈鉴收。

与日本南条文雄书二十二

客冬北方君到金陵,得接赐函并承代假《起信义记别行》古本,喜出望外。随即参校,属手民誊写刻本,迟之数月,即将原本奉还,并呈新刻之本也。又承惠赠《华严策林》写本,铭感无涯。岛田君所问之事,王宇泰《唯识证义》,未见其本。顷求得高原所作《唯识俗诠》一部,计五册,托北方君邮寄尊处,转致岛田君阅后,仍乞寄还为幸。一柳君持尊函造访,聪颖可嘉,足称法门伟器,定能光显师门也。月前北方君续交手函,并《华严游意》、《五蕴观》二写本,展诵之余,如亲雅范。本愿寺开设之事,弟实衰老,照料未得周详,复蒙称誉，歉仄弥深。前因北方君属敝处将七祖圣教刻全，遂检阅选择《本愿念佛集》，觉其中违经之语甚多，已略加批评。复将《真宗教旨》详览一遍，逐细批评，送与北方君，将来回国时，当呈台览。弟与阁下交近二十年，于佛教宗趣未尝讲论。今因贵宗将遍传于地球，深愿传法高贤酌古准今，期与如来教意毫不相违，则净土真宗普度群生无量无边矣。近代以来，门户之见牢不可破。支那境内，禅宗一派，空腹高心，西来大意几成画饼。台教一派，尚能讲经，惟泥于名相，亦非古法。且诸方名刹，向无学堂造就人才，所以日趋于下也。贵宗既有学寮讲肆，又开普通学馆，是世出世法兼而习之，人才辈出，何可限量？惟愿善学者不为成法所拘，则妙契佛心，允为如来真子矣。奉赠憨山《解老庄》四册、新刻元照《弥陀疏》四册、《安乐集》四册，祈鉴收。弟久有东游之志，近因目足均有微疾，惮于远行。傥台驾惠然西来，畅叙于钟山淮水间，讨论佛教门庭古今得失之故，岂非释迦遗教中一大事因缘乎？敝处求而未得之书，尊处已登宗报。傥能得之，或购或写，总祈代办，钱款自当续寄。附呈《阐教刍言》一篇，深悉阁下智周四海，学贯古今，想能剖破藩篱，虚心采纳，故敢以直言奉献也。

与日本南条文雄书二十三附来书

客月北方君自金陵归日本，得接赐函及《阐教刍言》等，深知为法之高志，欣喜靡已。一柳君屡受教尊处，何幸加焉？今有小粟栖君所草《念佛圆通》，并《阳驳阴资辩》，君实编辑真宗教旨，故自任答辩。若犹不满高意，则请更指摘之，使弟等尽心于此。

旧岁叠接两函，并书籍数种，欣喜靡已。承示小粟栖君所作二文，彻见贵宗之底蕴。仍不能默然，略加辩论，复呈台览。既为释迦遗教弟子，不得不尔也。又接后藤葆真君寄示辩驳之文，弟避繁就简，称性而出，作一篇答之，均请尊处转交为祷。兹将新刻《梵网戒疏》、《起信义记》、《海东疏》各二部，寄呈台览。奉还《起信义记别行》原本，计三册，附赠新刻《义记》、《海东疏》各一部，祈归之岛田君，并述谢意。《唯识述记》现已开雕，本年可成。支那学佛者得贵邦邮来古本，同深欣庆，咸感大德弘通之益，东向礼谢于不既也。中村醒处君施刻资二圆，今刊入《义记》之内，并《海东疏》寄呈，请转交中村君是幸。近闻贵宗同人往高丽布教者颇多，唐法藏所作《华严三昧观》、《华严世界观》二种，高丽或有存者，乞寄信求之。

与日本南条文雄书二十四

前接赐函，并书三种，欢喜无量，辰维道履增绥为颂。法驾迎佛骨于暹罗，观军容于燕都，过朝鲜而觐韩皇，闻母讣而返乡国，世出世法，曲尽无遗，实令人景仰不既也。《感怀》诗出于至情，不堪卒读。《华严三昧章》与《发菩提心章》同，而阙《法界观》之文，始知二书同出一本，即《华严三昧观》无疑矣。别有《华藏世界观》，若能得之高丽，幸甚！蕅益大师所作《周易禅解》，贵国有刻本，祈代购一部。兹奉赠《金刚略疏》、《三论玄义》各二本，皆从贵国得来之书。又《唯识心要》一部，计十本，系扬州所刻，用供法喜。传闻贵国新立东亚佛教会，如已印出章程，祈寄示为荷。

与日本南条文雄书二十五

前接到五月二十七日惠函，得知寄赠书籍均已达到，并承抄补成佛经疏，欣喜之至。上海汇款，已寄信时务报馆，托其催交。倘仍未收到，祈示悉，以便另寄。兹因友人孙君竹如托购经籍数种，由松林君汇寄金三十圆，作购书及寄费之用。敝寓已于三月前移居，信面祈写“南京延龄巷马路池州杨公馆”，便可达到。华地新设邮政局，已与各国相通，信函可径寄敝寓，免由上海转折也。惟书籍重大，似须仍由松林君转达为要。顷阅明宋濂所作《大般若经通关法序》云“雪月大师太隐创为《通关法》，演忠律师省悟重为编定，画十二图，用十三法二十九界八十四科为之，不过一千言，总摄初分一百三卷，无一字或违”云云。因忆三年前，尊示云由内部录出此书，果与宋濂序文相符，即请属书手代写一部，是为至祷。扬州僧观如刊成《般若纲要》，奉赠二部，祈鉴收。

与日本南条文雄书二十六

接读十二月九日手书，并详单，领悉种种。承寄释典十一部，内有写本四部，益见弘法情殷，嘉惠支那学人无既，再拜顶受，如获至宝。此次书籍不取价值，实抱不安，俟刻成即当奉赠。嗣后无论刻本写本，均求开列价目，以便汇寄。《密严疏》现蒙誊写，写完乞邮寄。他日若得初卷，则更妙矣。《肇注金刚般若》已承誊写，欣喜之至。赤松、前田二君，祈代伸谢悃。东西二京有诸公代购释典，实为莫大因缘。若遇支那六朝唐宋人著述，敝单内所未开者，均求代购，以扩见闻。收藏古本之家，其现存者，除弘教院书目外，别有几种，请钞目示知，以便求觅。从前赤松君欲得《法海观澜》，今扬州僧观如已获旧本，刻成即当奉赠。敝处新刻《楞严经止脉疏》，为注本之最善者，近代已收入《大藏》，特寄二部，以广其传。贵国寄来之《因明大疏》，有比丘松岩者爱而刊之，并寄四部。《唯识述记》等，续有人刻。法相一宗，晦而复明，非上人购寄之力，曷克臻此？扬州新刻《大乘止观蕅益释要》，附呈四部，分赠同人。时值严冬，雪意正浓，梅花欲吐。仙山风景，想在高人奚囊中矣。

与日本南条文雄书二十七

寒暑频更，未通寸柬，非懒也，实精力有所不逮耳。有自扶桑来者，述阁下教育之广，通国信服，闻之实深欣慰。弟所作《玄文本论略注》，现已完成，寄呈十册，就正有道，并请分赠知交。藏经书院已另寄十册矣。顷从友人处得见明治二十七年本愿寺室内部《印度摄影帖》一册，于佛教古迹具备，见者恍如亲历其境也。册尾载明非卖品，如能求而得之，以生人敬仰之心，则三万程途，如对目前矣。敝邦僧家学校，才见肇端，欲得贵国佛教各宗大小学校种种章程以备参考，非仗大力，不能多得。此等章程，虽系和文，敝处亦有能译之者。与学诸僧，甚为盼望也。

与日本南条文雄书二十八

叠接赐函，久未作答，抱歉之至。鄙人日就衰老，百事废弛。三年前刊一笺，以谢俗缘，于佛法相关之处则不寄呈，以免消息断绝也。然事过辄忘，又无精明人代理，只得听之而已。奉赠新刻《楞严纂注》、《法华通义》各二部，又《证道歌竺源注》，即是《续藏经》目录内标记为未发见之书，今已刻成，奉赠十册，以俾公诸同好。前承贵友赤松连城君惠我《印度摄影帖》一册，无以报之，请以《纂注》、《通义》、《证道歌》各一部酬答，以伸谢悃。贵国《续藏经》内《大日经义释演密钞》十卷，辽觉苑撰，敝处欲得大字刻本，以俾合纂经疏之用。祈遍觅书肆，如得此书，祈交邮便局，用代金引替之法送至敝处交易，不胜拜祷之至！

与日本藏经书院书一

顷接尊处惠寄《贞元华严疏》、《圆觉大钞》各二部，拜领之余，欢喜无量。同志传观，始知南宋时与《贞元华严疏》同刻于江苏，元明以来竟无人见，今由贵书院刷印流传，实释氏教中之伟烈也。敝邦新开僧学堂，相继而起者已有四处。苦于启蒙无书，因作《初学课本》三字韵语，便于读诵，并作注解，以伸其义。寄呈十册，聊供浏览，傥收入《续藏经》杂著部内，亦可备一格也。

与日本藏经书院书二

接读惠函，领悉种种，敬将奉复各件，条列于下：

一、贵院雅意，欲汇拙作，以为全集入《续藏》中，心感无涯。鄙人著述甚少。已刊成者，有《〈阴符〉、〈道德〉、〈冲虚〉、〈南华〉四经发隐》一册，《佛教初学课本》一册。正当发刻者有《大宗地玄文本论略注》一册，数月后可成。另有《等不等观杂录》一册，稍迟当刊。拟作《释摩诃衍论集注》一部，《〈论语〉发隐》一册，尚须时日也。贵院若欲翻刻拙作，均可听许，不论版权。奉赠肖像一纸，系四十三岁在佛京巴黎映出。尔时精力强健，非近年衰老之相也。

二、前番贷送章疏，候《续藏》印出之日，次第寄还，不求速返，以俾贵院对照之用，免其讹舛耳。

三、《角虎集》缺字已补完，与《楞严宗通》同交邮便局寄上，祈鉴收。

四、东吴寂晓所撰《义门》四十一卷，系扬州人所藏，甚为秘惜。俟托人求得，即当寄上。

五、贵院所需《宋祖心集》、《冥枢会要》，均未见过，当留意寻觅。

六、《〈释论〉法敏疏》已奉到，检阅一通。全无疏文。惟将原本删去大段本论，以《释论》中所提本论，分别排成小段，减损《释论》字句甚多。惟《发趣道相》内增补“解行发心”、“证发心”二科，是法敏所作也。核计《释论》有十一万余字，法敏本只有六万余字。谨识其大略如此。

七、前接贵院印版信函，征《续藏经》序文，暇时撰成，再当奉寄。

与日本藏经书院书三

前承惠赠三色套印《楞严广解》一部，遍示同人，欢喜赞叹，得未曾有。又承寄还《楞严宗通》一部，加以布套，并赐新刷《宗通》二部，拜领，谢谢。兹有友人家藏批点套印《维摩经》一部，系明朝吴兴闵氏刻本，与套印《楞严》同出一处也，寄呈台端，以备《维摩》疏中增此一格。敝友欲购三色套印《楞严广解》一部，如有单行之本，祈邮寄南京，照代金引换之法交易。弟所作《大宗地玄文本论略注》现已刷成，寄呈十部，请分赠同志。将来刷印《续藏经》至五二九《释摩诃衍论记》之后，可将《玄文本论略注》编入，以补往时所未有也。南条上人处，已另寄十册矣。

与日本松林孝纯书一

接读手函，并南条君信缄书籍，感谢之至。辰维起居多福，至以为颂。承示贵院有铅木板《大藏经》数部备请。弟但见过铅板，其木板者，全部若干本，价值几何，乞函示，以便布告同志诸友。日后如有愿请者，令其亲到上海面谈，俾得流通便捷。兹有寄南条君信一件，书籍一包，乞代为转寄为幸！附呈英洋一圆，作为寄费。前此垫付寄费，祈示悉，以便奉缴。诸费清神，心感不尽。

与日本松林孝纯书二

两月前接读赐函并南条君手书，领悉种种。彼时正当移居，忙冗万状。继而老母弃世，丧事近日方毕。二三月来，未理杂务，以致久疏音候，抱歉奚如。辰维秋祺多福，至以为颂。尊示内云，南师迟日有书寄到，未知曾否发来？诚恐移居之时，信局或有舛误，祈示复为幸。兹因敝友孙君竹如欲购经籍数种，恳尊处代汇日本金三十圆，装入敝函，寄交南条君收用。另有书一包，并求代寄。所需寄费，由孙君手奉缴。

与日本东海书

娑婆界中，共为释迦遗教弟子，虽未把晤，而志同道合，如出一辙也。往者闻贵国印造小字《藏经》，遂购全部阅之，欢喜赞叹，得未曾有。惜年近衰老，寻行数墨，目力不及耳。近由南条君转递贵赠书目三种，拜领之余，感谢无既。藏外经籍百余种，所欲得者甚多，但卷帙繁重，只可求觅刻本耳。其略者，有刻本则购之，否则请人书写，酬以工资，想易为力。写出后，乞细心校对一道，以便刊印流布也。另开甲乙二单，附南条君函内。奉赠新刻内典二十本，用伸法供，祈鉴纳为荷。

与日本町田书

身为显宦，而能抗志出尘，非具大丈夫作略，曷克臻此？盈盈一水，未得趋谈，殊深惆怅。黎公《钟铭》，已由陈君镜清为之笺释，寄呈台鉴。陈君系敝处校经友也。南条君函述西京有景裕《天竺字源》，上人拟写一本见赐，不胜翘盼。其中梵字，请照原本影写，以存其旧。又承代觅道林、道生等论，感荷无既。其余藏外经籍，亦请代为寻求。苟有所遇，随时函示，以便酌购。前闻雅意，欲得敝处新刊经籍，兹将流通单内，择《大藏》所无者，奉赠二百五十六本，以朱笔记于单内，装一木箱，由南条君转达，到时鉴收。

与日本后藤葆真书

接读来书，洋洋数千言，得知阁下博览群籍，融会贯通，而于台、贤二家，尤能深入堂奥。惜乎囿于先入之言，未能摆脱自由，亦出于无可如何耳。弟所学处，总以圣言格量，合者遵之，否者置之，虽晋宋以来诸大名家，间有出入，亦必指摘。如弥勒、马鸣、龙树、天亲等诸大菩萨，造论弘经，何等严谨？处处以佛语为宗，故能作万古法式也。鄙人懔遵其意，与人谈论，未敢稍逞己见，偶失片言，立即救正。见人肆口妄谈，坏佛正法，如三百鵮刺心、千刀万杖打拍其身，等无有异。前此辩论之言，十方三世诸佛菩萨实共鉴临。傥违悖佛意，愿令此身碎如微尘；若契佛心，则文字语句当现于极乐世界七宝幢上，菩萨见之，欢喜赞叹。赤心耿耿，不敢默然，略举十端，以伸鄙怀。知我罪我，听之而已。

一、报佛深恩故。释迦如来说法度生，流传经教，普应群机。净土真宗，断章取义，直欲举三藏教典而尽废之，岂不孤负佛恩哉？

二、彰佛本愿故。弥陀因地发四十八愿，摄受无遗。贵宗单取一愿以为真实，则余愿非真实矣。既非真实，弥陀何必发此等愿也？盖佛之本愿，愿愿真实，互摄互融。取一愿为宗，可也；判余愿非真实，不可也。

三、光显教道故。如来教法，三界独尊，一切异教所不能及。良以出世妙法极尽精微，无有能过之者。今若将深经妙论弃而不学，则异教道理驾于佛门之上，聪明才智之士，将视佛法如弁髦、视异道为拱璧矣。

四、令法久住故。佛灭度后二千九百余年，现当末法之初，实证者虽觉罕见，而信解观行者不乏其人。若除称佛名号外，一概遮尽，是行末法万年后之道也，岂非将释迦遗教促短七千余年哉？

五、普被三根故。十念往生，《大经》、《观经》，皆属下品；发菩提心，修诸功德，方生中上。今废菩提心及诸行，是专摄下辈而不摄中上矣。根有利钝，不可一概而论也。

六、令僧和合故。在家出家，同为释迦弟子，同遵释迦遗教，随根授法，各有专修，互不相违。若是一非余，则于大法中别辟一门不得谓之和合矣。

七、提奖后学故。初学佛者，心志勇锐，教导无方，不进则退。若舍佛法不学，而学世法，虽有他力之信，亦恐为俗习所染，岂能与弥陀清净光明相接耶？必于净土三经内深究其义，知念佛一门为圆顿教中超胜之法，时有进境，方能增长信心也。

八、融摄十方故。净土一门，为十方诸佛所共赞，十方菩萨所愿往,下自凡夫,上至等觉,皆在其内。盖凡夫心体与诸佛法身无二无别,若执凡境与圣境判若天渊者,则不能生净土,以佛眼所见,是假名凡夫。是故生一佛土,即生十方诸佛国土,岂世俗情见所能思议者哉?

九、贯通三世故。一念念佛,全念是佛。佛无古今,念亦无古今。说自说他,方便施设,执之成对待法,不执即绝待法。绝待之法,一念融三世,新佛即旧佛,全自成他,全他即自,入平等真法界矣。

十、究竟成佛故。世出世法,不出因果二字。无因得果,不应道理。菩提心者,佛果之因也。《大经》三辈往生,皆以菩提心为本,接钝根人,虽未能令其速发菩提心,亦当示以发心之相。盖发心有二种:凡位以四弘愿为发心,至信满时,发真实菩提心,即是初发心时便成正觉。若以初住之心教凡夫发,似觉甚难。然发四弘愿,即菩提之因也。往生净土仗此因,究竟成佛亦仗此因,是以可劝而不可舍也。

来书所辩者,仅《选择集》内评论之语。另有《阐教刍言》一篇、《评论真宗教旨》一卷,可向南条上人处取而阅之。

与日本龙舟书

前接惠函,备承奖誉,临风盥诵,感愧交并。弟一介俗流,未全道力,惟有丹心一点,可对十方诸佛。际此大法衰微,发心护教,虽粉骨碎身,在所不惜。故于前岁有《阐教刍言》及《选择集》、《真宗教旨》之辩。逮顶师二书寄到,又不能已于言。既而思之,讲论佛法者，期有益于人也。闻者既不见信，则所言便为无益。若再置辩不休，岂非同于流俗争论是非乎？故于奉到大著二册之后，但阅其意趣所在，不赞一词也。深知彼此志愿不同：弟以释迦遗教为归，不敢丝毫逾越；贵宗另出手眼，独树一帜，虽欲强而同之，其可得乎？前于复后藤葆真君函内，曾发誓言，请君取而阅之，幸甚！

信已寄去，复代彼宗立量云：往生净土是有法，他力信心为宗，因云：弥陀第十八愿所成故，喻如汽机船。此量非真能立，以其废自力。虽有汽船，谁其乘之？则知至心信乐，欲生其国者，皆系自力也。

自宗立量云：念佛往生是有法，自力他力为宗，因云：因果相感故，喻如车两轮。

代余同伯答日本末底书一附来书

顷有印度婆罗门师，欲至中土传吠檀多哲学，其人名苏蕤奢婆弱，以中土未传吠檀多派，而《摩诃衍那》之书，彼土亦半被回教摧残，故恳恳以交输智识为念。某等详婆罗门正宗之教本为大乘先声，中间或相攻伐，近则佛教与婆罗门教渐已合为一家，得此扶掖，圣教当为一振，又令大乘经论得返梵方，诚万世之幸也。先生有意护持，望以善来之音相接，并为洒扫精庐，作东道主，幸甚幸甚！末底近已请得一梵文师，名密尸逻。印度人非人人皆知梵文，在此者三十余人，独密尸逻一人知之。以其近留日本，且以大义相许，故每月只索四十银圆。若由印度聘请来此者，则岁须二三千金矣。末底初约十人往习，顷竟不果,月支薪水四十圆,非一人所能任。贵处年少沙门甚众,亦必有白衣喜学者,如能告仁山居士,设法资遣数人到此学习,相与支持此局,则幸甚!

来书呈之仁师,师复于公曰:佛法自东汉入支那,历六朝而至唐宋,精微奥妙之义,阐发无遗。深知如来在世,转婆罗门而入佛教,不容丝毫假借。今当末法之时,而以婆罗门与佛教合为一家,是混乱正法,而渐入于灭亡,吾不忍闻也。桑榆晚景,一刻千金,不于此时而体究无上妙理,遑及异途问津乎?至于派人东渡学习梵文,美则美矣,其如经费何?此时祇洹精舍勉强支持,暑假以后下期学费,未卜从何处飞来,惟冀龙天护佑、檀信施资,方免枯竭之虞耳。在校僧徒程度太浅,英语不能接谈,学佛亦未见道。迟之二三年,或有出洋资格也。仁师之言如此。

代余同伯复日本末底书二

仁师接尊函,朗诵一过,笑而置之。人问其故,答曰:此信所诟厉者,与我毫无干涉,何恚之有?复嘱检初次奉答之信稿阅之,不知见怒于台端者在何语句?信口所答,无非护法深心。师言直起直落,无丝毫委曲,寻常接人,莫不如是。弟相依三载,甘苦同尝,学焉方知不足。外间交游,渐形疏略,《招学梵文启》送去多纸,亦无人愿往。传吠檀多教者,纵来此间,弟亦无力接待也。

*以上都为一百五十篇,曩者梅撷芸君曾刻其七篇,合《十宗略

说》为八篇，今以《十宗略说》别为一种，而就刻经处所藏稿本重加编次，勒成八卷。窃意先生遗文当不止此，中日二国人士藏有先生手稿，为兹编所未录者，如荷邮寄刻经处，俾得刊为续编，以饷当世，则法门之幸也。——丁巳夏编者识

杨文会先生学术年表*

1837 年(道光十七年)

十一月十六日,生于安徽南部的石埭(今属黄山市),名文会,字仁山,六姐弟中排行老小。本年,父亲朴安(1800-1863)中举。

1838 年(道光十八年)

父亲成进士,赴京任刑部主事,举家北迁。

1847 年(道光二十七年)

本年延师受读。有关幼学经历,"《阴符经发隐》序"(《等不等观杂录》卷三)中自述道"予幼时喜读奇书,凡道家兵家以及诸子,莫不购置,所得注阴符者,凡四家。又录其正文以为读本,而莫知其意趣所在也。后专意学佛,杂学典籍,束之高阁,二十余年矣"。本年随父见曾国藩。此为后随曾国藩之子曾纪泽出使欧洲之远因。

1852 年(咸丰二年)

去年随父举家返回家乡石埭,本年与苏氏成婚。

1853 年(咸丰三年)

太平天国战乱中,举家逃难于安徽、江西、江苏、浙江之间。其间,曾参加其父亲创办的民团,守卫乡里。

---

* 本年表由陈继东撰写。

1860 年(咸丰十年)

其父朴庵投入曾国藩幕府,翌年,随父亲入安徽安庆。

1863 年(同治三年)

七月,父亲病逝,将父亲安葬家乡石埭。受曾国藩之命,于谷米局任职,负责后勤供应。因感染流疾,久病而愈。自此沉浸于阅读佛典。

据其孙女杨步伟《一个女人的自传》所述,流亡杭州时,杨文会曾钟情邻家女子,后受阻,而彷徨于西湖之畔,偶于书肆遭遇《大乘起信论》,购归反复诵读,为其学佛入道之契机。而弟子所撰的传记则说,杨文会曾从一位年老比丘尼授与《金刚经》,虽甚觉其妙,而不解其意,后于安徽的书肆得《大乘起信论》,却未暇过目;大病之后,读《大乘起信论》而爱不释手,后又于书肆中得《楞严经》,读而忘归;此后,便致力搜集佛典,一心向佛。

而"与廖迪心世藏书"(《等不等观杂录》卷六)则自述道"我于二十六岁学佛,二十七岁丧父,担任家务十余口衣食之资,全仗办公而得。日日办公,日日学佛,未尝懈退,至五十三岁始能专求出世之道。然不能求现证,只在弘法利生上用心,以为往生净土之资粮,此是超出三界之捷径也"。

1865 年(同治四年)

迁居南京,负责主持江宁工程局,修复南京城垣。与同事王梅叔以及魏源之子魏刚已、刘开生、赵惠浦、张浦斋、曹镜初等来自全国各地的居士交游。

1866 年(同治五年)

与郑学川(1826-1880)以及上述居士,创建"金陵刻经处",刊行魏源编辑的《净土四经》,并撰"重刻净土四经跋"一文。中言

“予初闻佛法，惟尚宗乘，见净土经论，辄不介意，以为著相庄严，非了意说。及见云栖诸书，阐发奥旨，始知净土一门普被群机，广流末法，实为苦海之舟航，入道之初阶也”。又言于王梅叔处见此《净土四经》，因此书刻版不存，现今募资重刊，以惠末学。文末列举捐资信施者达三十余名。其中，郑学川后出家，号妙空，于扬州创建“江北刻经处”（又称扬州藏经院）。

1868年（同治七年）

与金陵刻经处诸人，协商刊刻整个大藏经计划。八月望日（阳历九月三十日），共颁布了三部章程，可知刻经处创立的背景与目的、刊行计划、经营组织、资金来源以及用途。其一，郑学川（妙空）撰“募刻全藏疏”。其中言“爰于金陵省垣，先设刻经处，所纠合同志，已成经久之赀。简别要编，用著流通之渐”，拟募集刻资，择要刊刻流通。其二，金陵刻经处同人又共同制订“募刻全藏章程”，对书刊行计划、经营方式和组织形式等作了具体规定。其中规定以方册本形式刊行，刻经处设在南京鸡鸣山北阁。其后署名公议者包括杨文会在内共计十六人。其三，为“刻经处章程”。其中明确记载了十名股东的捐资份额，以及资金的用途。

1869年（同治八年）

本年，刊行唐般刺密谛译《大佛顶如来密因修证了义诸菩萨万行首楞严经》十卷、佛陀多罗译《大方广圆觉修多罗了义经》二卷。

1870年（同治九年）

本年，刊行东汉安世高译《八大人觉经》一卷、秦鸠摩罗什译《维摩诘所说经》三卷、唐不空译《仁王护国般若波罗密多经》二卷，明智旭《相宗八要直解》上下、《大清重刻龙藏汇记》一卷。

1871年（同治十年）

本年，刊行《法华经》、唐玄奘译《解深密经》五卷。

1872 年（同治十一年）

本年，刊行秦鸠摩罗什译《弥勒下生经》一卷、唐玄奘译《十一面神咒心经》五一卷。

1873 年（同治十二年）

辞去工程局职务，屏绝世事，家居读书。李鸿章函聘办工程，辞而不就。常静坐观想。

本年 7 月，日本真宗僧人小栗栖香顶（1830－1905）来华，经上海、天津到北京，受龙泉寺本然收留，寄居城南清慈庵，考察中国佛教现状，写下《北京纪事》，翌年写出《北京护法论》，8 月归国。

1874 年（同治十三年）

游历江浙，访古刹，搜集经典，而无所获。因家计所迫，不得已就职于江宁筹防局。而位于北极阁的刻经处，因土地纠纷，其所藏经板全部移至位于花牌楼的杨文会家中。

本年，刊行魏康僧铠译《佛说无量寿经》二卷、清工布查布译《造像度量经》附图解一卷。

1875 年（光绪元年）

至汉口，经理盐局工程。

1876 年（光绪二年）

应曹镜初之约，赴湖南商议创建长沙刻经处，并受曾纪泽之聘，参与曾国藩全集的编纂。

冬十一月，作“《起信论真妄生灭法相图》跋”（全名为“《起信论释教一义中诠真妄生灭法相之图》跋”）。

本年，日本净土真宗东本愿寺（现大谷派）派遣南条文雄、笠原研寿前往英国学习梵文，同时派遣小栗栖、松本白华等人前往中国上海传教。学习西方、传教中国是近代日本佛教的两个新方向。来华前,小栗栖撰写了在华传教手册《真宗教旨》。

1877 年(光绪三年)

春正月,作"《起信论疏》法数别录跋",主张性相融显,与长沙刻经处共同刊行陈真谛译、马鸣造、宗密录注、袾宏重辑《大乘起信论疏》(又名《大乘起信论疏记会本》)上下卷。

本年,刊行宋延寿撰《注心赋》四卷、宋沮渠京声译《观弥勒上生经》一卷。

1878 年(光绪四年)

十月十七日(阳历 11 月 11 日),见曾纪泽,二十四日(阳历 11 月 18 日)随曾纪泽等人至法国"阿马松"号轮船,查看仓位,二十八日(阳历 11 月 22 日),作为随员,从曾纪泽出使英法,自上海启航渡欧,并携长子自新同往。于十二月十二日(阳历 1879 年 1 月 4 日)抵达巴黎驻法使馆。出发前得晤松本白华,知南条、笠原留英习梵文之事。

本年,撰"西方极乐世界依正庄严图图跋",记述有"拙道人"于 1873 年,参考净土三经以及《造像量度经》,延请画家绘制成"西方极乐世界依正庄严图",刊布流通,五年来流布二千余幅,因刻版磨损,故重新请画工与刻工制作。

1879 年(光绪五年)

腊月二十一日(阳历 1 月 13 日),致信次子杨自超,吩咐刻经事宜。

二月初二日(阳历 2 月 22 日),曾纪泽于驻法国使馆为杨文会书写楷书"华严偈颂"二百六十字。曾纪泽兼任英法公使,故半年驻法,半年驻英,杨文会也因之往返于英法之间。二月初八(阳历 2

月 28 日），致信次子杨自超，言已请曾纪泽写成“极乐图颂”，吩咐刊刻，以及其他刊刻事宜。四月初三（阳历 5 月 28 日），吩咐刻经事宜。可知，虽远在欧洲公务，奉仕公务，也不忘刻经之事。

1880 年（光绪六年）

4 月 26 日，撰“与日本南条文雄与笠原研寿书”（《等不等观杂录》卷七），信中说到曾于上海从在华传教的净土真宗僧人处得知二位西游之事，前不久至伦敦，见公使馆书记末松谦澄（字青萍），得知二位在牛津研习梵文，“上人在英日久，与此邦人士定多将论。其中有信心不疑者乎？现在所诵梵文，是否三藏教典？今文与古文同异若何？大乘经典流传印度者尚存几部”，希望详细见示，信中还请求南条、小笠原写出印度字母，以英文配其发音。因将前往巴黎，不得前往一晤。5 月 2 日，南条、笠原回覆杨文会，简略答复其所疑问，并抄出印度字母音表两种，以及唐僧智广著《悉昙字记》，并配以英文读音。杨文会于 5 月 11 日，又回覆南条与笠原，指出两种字母表，与乾隆间所定之《同文韵统》大致相同，并赠自己的肖像照片二枚。南条与笠原得信后，于 5 月 16 日再致信杨文会，推荐马克斯·穆勒等人撰著的梵文语法书以及梵英字典，并赠梵文原文与英译并记的《阿弥陀经》一册。

本年，刊行北凉昙无谶译、明智旭笺《菩萨戒本经笺要》一卷。

1881 年（光绪五年）

6 月 30 日，于末松谦澄宅，见南条。这是二人首次会面。南条《学窗杂录》中说，“是日午后，余乃去牛津，到龙动（伦敦——引者注），晡时投青萍之家。黄昏河田贯堂亦来会。须臾而陈松生、杨仁山、凤仪三氏来，握手相揖，把笔相谈。贯堂、清萍与松生谈话，凤仪善英佛语，乃与清萍所居之主妇相话。余乃始终与仁山谈。

其间南、青吹尺八，青萍朗吟，主妇之女奏洋琴，年少之英人发歌和之，团栾举杯，欢笑如沸，到十时后乃散”。二人谈及梵文经典及其英译的状况，南条向杨文会推荐印度古时地理书，并相约翌日再会。陈松生，字济远，为驻英使馆书记官。凤仪，则为苏少坡，系杨文会舍亲，后于1890年至1893年，赴任驻日使馆，受杨文会嘱托，负责杨与南条二人的书信传递和书籍寄赠。

7月1日，于中国公使馆见南条。南条《学窗杂录》中说，“七月一日午后八时，余践约到支那公使馆，误其门户数次。彷徨少时，乃达馆门。直到四层楼上，则仁山与松生共在，盖松生之所常读书之处也。松生稍解英语，余因话以余之所以后期，松生以语仁山，三人相视一笑，乃围小案共饮支那茶。仁山已购得所谓印度佛教古时地理书，在案上。于是余乃披卷中一图，细指示迦毗罗卫国、佛陀伽耶山、野鹿苑、王舍城、耆阇山、舍卫国、那烂陀寺等之所在，且书小解示之。其间奇谈颇多”，并作联诗数首，相聚甚欢。

7月12日，南条致信杨文会，中说“前此连夜遭遇快聚，颇医久渴。且见赠珍编奇书，读阅之余，大有所得，感谢靡已。弟归牛津已过一旬，未作一书对君前夜之高问，太旷友谊”，于是对杨文会的种种提问，详细作答。7月18日，杨文会回信南条，说“承答印度声学一则，至为精详，数百年来，东土无人知此矣。《大乘起信论》既不能得梵本，将来即据梁译，翻成英文，或亦欧人入道之胜缘也。尊论彭氏《无量寿经论》，非深研梵本者不能道。彭氏当日见五译之不同，故有此作。今幸足下求得原本，他日校订妥协，华梵并书，弟愿刊布东土”，而且略述了自己的学佛经历，即“大乘之机，启自马鸣，净土之业，因于莲池。学华严则尊循方山，参祖印则景仰高峰。他之如明之憨山，亦素倾佩者也”。此外，信中还说，“提倡宗旨，似不必全遮圣道门”，对净土真宗教义，显示了不同的立场。

本年刊行刘宋昙摩密多译《观普贤行法经》一卷、唐元晓撰《阿弥陀经疏》一卷、宋延寿《唯心诀 定慧相资歌 警世篇》各一卷。

1882 年（光绪八年）

二月十三日（阳历 3 月 31 日），向曾纪泽辞行，携子归国。本年至苏州寻觅藏经板之地，因经费未集而购地未成。

本年，刊行隋灌顶撰《大般涅槃经玄义》二卷、刘宋昙无竭译《观世音菩萨得大势至菩萨授记经》一卷、《阿弥陀经鼓音声王陀罗尼经》一卷。

1883 年（光绪九年）

本年，有“与日本南条文雄书四”，言“承问北京、天台、五台三处梵文，非弟亲至，其境莫能详悉”，可知南条曾委托杨文会在中国代为搜寻梵文典籍。信中还说，“近闻大驾将归，开梵学于东瀛，愿遣少年俊士从学，君到上海可一访之”，可知杨文会曾打算派遣少年从南条学习梵文。

1884 年（光绪十年）

作“高僧传初集附言”，出版梁慧皎撰《高僧传初集》十五卷。《高僧传》有梁、唐、宋、明四种，杨文会分别名之为初集、二集、三集、四集。

本年，刊行宋法贤译《无量寿庄严经》一卷、明德清撰《中庸直解》一卷。

1885 年（光绪十一年）

四月，作“《西归直指》跋”，言“今已先将魏译《无量寿经》及二林居士所著论合刻流行”。

八月十日（阳历 9 月 18 日），作“与日本南条文雄书三”，信中说“七月初五日，由岸田君转至尊函”，但此书函不见收录。信中还说“大驾东归时，曾游历印度否，窃愿闻之。承寄梵文《般若心经》、即《尊胜陀罗尼》合本、不啻百朋之赐，出以示同志诸友，莫不欢喜踊跃，叹未曾有也”，并言，原拟派三子四子前往英国学习梵文，不意二子早逝，时下难以寻找到合适的人才。南条于1884年结束留学，回到日本，时任东京帝国大学嘱托讲师。

年底，有“与日本南条文雄书五”，告言将于两月后，随刘芝田出使英国，并赠送南条《同文韵统》、《五百罗汉尊号》二书。刘芝田受命出任英法德三国公使，于1886年2月中旬，携杨文会等人由上海出航。

本年，刊行秦鸠摩罗什译、梁宝长撰《比丘尼传》、明真界撰《大乘起信论纂注》上下卷、明智旭撰《佛说阿弥陀经要解》一卷、《佛遗教经解》一卷、《八大人觉经略解》一卷。

1886年（光绪十二年）

2月，作“与日本南条文雄书六”，言接到南条赠与的梵文《无量寿经》与《阿弥陀经》合本、南条著梵汉英对照《大明三藏圣教目录》等七种书籍，并言五日后出发赴欧。

三月二十五日（阳历4月28日），于伦敦见曾纪泽。六月二十六日，曾纪泽于日记中记“写篆文十二，仁山请题佛典图画也”。

本年刊行明通润撰《大方广圆觉修多罗了义经近释》六卷、明德清撰《老子道德经解》三卷、清周梦颜撰《西归直指》四卷。

1887年（光绪十三年）

本年，刊行秦鸠摩罗什译僧肇注《维摩诘所说经注》八卷、宋道通撰《华严经吞海集》三卷。

1888年（光绪十四年）

本年，刊行明德清撰《肇论略注》六卷、《庄子内篇注》四卷。

1889 年(光绪十五年)

夏，于驻英法使馆任职，期满归国。杨文会有“天球图说”、“地球图说”、“舆图尺说”等文，均有关天文地理之说，恐为在英法任职期间或归国后不久之作。

本年，刊行隋吉藏《三论玄义》二卷、元高峰原妙说《高峰原妙禅师语录》一卷。

1890 年(光绪十六年)

四月二十五日(阳历 5 月 4 日)，致信南条，言最近在杭州从真宗僧人得知南条在东京教授梵文，对笠原的西逝，深为悲悼。并言“弟与同志诸友募刻藏经，将及一半，再过十余年，或可完成也”，而传闻日本古本内典甚多，希望代购数种。本年，作“与南条文雄书七”，言“弟于前时，随同刘星使前赴欧洲，住伦敦三年。去岁夏回国，仍经理刻经事，十余年后，当可完成”，并告因内弟苏少坡赴日之便，赠送在北京搜集到的梵文著述两种，另开求书目录，望南条协助搜寻。南条接信后，即作回覆，对所赠梵典的出自由来详作说明，答应代为搜集佛典。此信收在“与日本南条文雄书八”中。

本年，刊行宋道通撰《法界观披云集》一卷、明德清撰《大乘起信论直解》上下卷。

1891 年(光绪十七年)

一月二十九日(阳历 3 月 9 日)，作“与日本南条文雄书八”，开书单十八种，望南条代为搜购，并说凡中国撰述而明藏所无者，尽为代购。

5 月 18 日，南条致信杨文会，言先赠送搜集到的九种，并介绍町田久成，也参与搜购之事。5 月 19 日，南条又补写一封致杨文会的书信,追加赠送五种书单中没有记载的典籍,并介绍弘教书院主管东海玄虎,其也将参与搜购之列。

六月二十八日(阳历8月2日),致信南条,开列甲乙两单求书目录,请代为搜购,还说承赠经籍八十六本以及东海君的四本,并回赠经籍数百本。

9月26日,南条致信杨文会,言书肆不可得者,要使人抄写,建议先议定写工的工资。10月10日,南条致信苏少坡,明示已经购得的佛典书目,并将书籍送至苏少坡处,令其转寄杨文会。

本年,刊行晋佛陀跋陀罗译《观佛三昧海经》十卷、明智旭撰《选佛谱》六卷。

1892年(光绪十八年)

七月十一日(阳历9月1日),作"与日本南条文雄书十一",言"古时著述流传邻境者,一旦复归本土,因缘时节非偶然也",续开丙字单求书目录,并言虽怀有东游之志,而为世缘所阻,不克如愿。至此,杨文会共开出甲乙丙三种书单,让南条代为搜购。9月25日,南条致信苏少坡,言"今有一事,系贵亲杨君嘱托之事。杨君前年寄书籍目次二单,而甲子单内未得之书有十一种,杨君附言云,如有刻本即求代购,否则请人书写,工资集合,祈先议定",还说一纸书写工资不下五钱,并列出要抄写的书单。9月27日,南条与苏少坡笔谈,商谈抄写之事。

10月1日,南条分别致信苏少坡与杨文会。10月初,苏少坡致信南条。10月12日,南条致信苏少坡。苏少坡即复信言"承代杨君购到之经十二部并前购之经十七部,该价即交贵徒带回,祈查收为荷。此书不日即寄杨君,屡费二位上人劳神,感谢之至。如遇东海、町田二上人、务祈代杨君转达致意"。九月初三(阳历10月23

日），杨文会致信南条，开出要抄写书目。

11 月 9 日，南条致信杨文会。11 月 10 日，南条致信苏少坡。11 月 12 日，苏少坡致信南条。

十月十三日（阳历 12 月 1 日），作“与日本南条文雄书十九”，言“比年以来，承代购经籍，千有余册，上自梁隋以至唐宋并贵国著述，罗列满架，诚千载一时也”。12 月 4 日，南条分别致信苏少坡与杨文会，言赤松连城赠书八册，并代赤松求赠《龙藏目录》、《中庸直解》诸书。12 月 16 日，南条致信杨文会，即“与日本南条文雄书十九附来书”。12 月 17 日，南条致信苏少坡。本年，刊行隋智顗撰《六妙法门》一卷、唐宗密撰《禅源诸诠集都序》四卷、明智旭撰《阅藏知津》四十四卷。

1893 年（光绪十九年）

冬月初十（阳历 1 月 9 日），致信南条文，言得赤松所赠书籍，并回赠南条、东海、赤松等人书籍数种。2 月 4 日，南条致信杨文会。

3 月 26 日，南条致信苏少坡。3 月 28 日，南条致信杨文会。

6 月 12 日，南条致信苏少坡。5 月 20 日（阳历 7 月 3 日），作“与日本南条文雄书十四”，提出所求典籍，言及与赤松、岛田蕃根互赠书籍之事。8 月，苏少坡致信南条。

9 月 19 日，苏少坡致信南条。9 月 27 日，南条分别致信杨文会与苏少坡。

九月十四日（阳历 10 月 23 日），夫人苏氏去世。受杨文会影响，苏夫人常念佛名号。同日杨文会之友苏梦话的夫人也去世，故作“与冯梦华书”。

11 月 23 日，南条致信杨文会。11 月 24 日，南条致信苏少坡。

十月二十四日(阳历12月1日),杨文会致信南条,言"承示《大般若开法》五卷,可以借抄刻,因苏君三年期满归计匆匆,想难经理,且作缓图"。12月2日,苏少坡致信南条,言"日前接封手书,承委寄舍亲杨君之书籍九部三十五本,信一封,遇便即当寄去。弟差期已届,拟于贵历十二月十八日回国"。12月16日,南条致信杨文会,并书籍四部十三本托即将离职归国的苏少坡带回,并呈小照,求文会回赐近照。苏少坡在日期间,作为杨文会与南条之间的中介,殊为尽力,干练踏实,使得杨文会在日佛典搜集事业进展顺利,可谓最为鼎盛的时期。

本年,刊行元魏昙鸾撰《略论安乐净土义》一卷、《无量寿经优婆提舍愿生偈注》一卷、唐般若译《大乘理趣六波罗蜜经多》十卷。

1894年(光绪二十年)

腊月八日(阳历1月14日),作"与日本南条文雄书十三",言半月前在上海见苏少坡,得到书信以及赤松、岛田等所赠书籍。信中还说、在上海相识锡兰僧达摩波罗,其欲请东方人至印度宣传佛教,"以鄙意揆之,非阁下不能当此任",力荐南条肩此大任。信中还介绍了应传教士李提摩太之请,合作英译《大乘起信论》之事,并交代了苏少坡离任之后,将由使馆刘子桢、吴静轩二君代为传递往来书籍信函。

3月21日,南条致信杨文会,言至印度宣传佛教不堪胜任。从中可知,前述甲乙丙单所记书籍仍在搜集,双方互赠书籍。

立夏日(阳历5月5日),致书南条文,言收到所赠经籍三十四本,并赠二十一本书籍,近照一枚。

本年,刊行隋慧远撰《佛说无量寿经义疏》、唐善导撰《佛说观无量寿经疏》四卷。

1895 年(光绪二十一年)

作“与释幻人法师书”二则。

本年,刊行陈真谛译《摄大乘论》三卷、秦鸠摩罗什译、龙树造《十二门论》一卷、唐法藏述《十二门宗致义记》三卷、《华严经明法品内立三宝章》一卷、《华严义海百门》一卷、唐澄观撰《华严法界玄镜》三卷、《华严经略策》一卷请、清读体辑《沙弥尼律仪要略》一卷。

1896 年(光绪二十二年)

春二月(阴历),出版《阴符经发隐》、《十宗略说》。

三月,作“《成唯识论》书末附记”。

五月,作“《华严一乘十玄门》跋”。

八月二十一日(阳历 9 月 25 日),作“与日本南条文雄书十”,言两年未通音信,日本传来的典籍已刊出数种,将其中一部分赠与南条以及旧知,并新开出丁字单求书目录,望代为搜购。两人两年中断通信,可能与甲午前后中日冲突有关。

12 月 9 日,南条复书杨文会,言收到所赠十二种书籍,并与赤松以及前田慧云一同为之搜寻丁字单书籍,得十一部,赠与杨文会。

作“与周玉山书一”,称自己已成六十衰翁,增言“阁下仕而后隐,弟不仕而隐;阁下以隐为隐,弟以不隐为隐,殊途同归”,并赠《阴符经发隐》、《十宗略说》。

谭嗣同在南京,游学杨文会,撰成《仁学》一书。其“金陵听说法诗”中称杨文会为其佛学“第二导师”。

本年,刊行梁僧祐《弘明集》十四卷、唐菩提流支译《无量寿如来会》上下卷、唐智俨撰《华严一乘十玄门》一卷、唐玄奘译、护法等造《成唯识论》十卷、唐窥基《因明入正理论》八卷、明释真鉴述《大佛顶首楞严经正脉疏》四十卷、明释通润《大方广圆觉修多罗经近释》六卷。

1897 年(光绪二十三年)

五月,参与谭嗣同、郑孝胥、蒯礼卿等设立“金陵测量会”活动。

本年,刊行陈慧思撰《法华龙女成佛义》一卷、唐法藏撰《大乘起信论别记》、唐不空译《大乘密严经》三卷、唐澄观撰《三圣圆融观门》一卷、唐宗密注《答顺宗心要法门》一卷。

1898 年(光绪二十四年)

9 月,谭嗣同因维新变法遇难,杨文会长子自新在北京参与谭嗣同尸体收容之事。“观未来”倡言“不变法不能自存”,此文或作于本年前后。

11 月以后,作“与南条文雄书二十二”,言“弟与阁下交近二十年,于佛教宗趣未尝讲论”,对于法然《选择本愿念佛集》以及小栗栖香顶《真宗教旨》表示不满,分别加以批评,并托真宗僧人转交给南条。随信附有《阐教刍言》一篇,说“深悉阁下智周四海,学贯东西,想能剖破藩篱,虚心采纳,故敢以直言奉献也”。其文即后人所辑“评《真宗教旨》”、“评《选择本愿念佛集》”,针对真宗教义,阐述以佛经为宗的立场,指出其违背经意之处。

仲冬月,作“会刊古本起信论义记缘起”,言“大藏教典,卷帙浩繁,求其简要精深者,莫如《起信论》。而解释此论者,自隋唐以来,无虑数十家,虽各有所长,然比之贤首,则瞠乎其后”,推崇贤首法藏,并将其《义记》仇校再三,与《别记》併刊,以成双壁。又言“日本南条文雄与余友善,此《记》赖以得之。其嘉惠后学,岂浅鲜矣”,称赞南条的协助。

本年冬,杨文会于南京延年巷建新宅,作为“金陵刻经处”永久地址。

本年，刊行陈真谛译、马鸣造《大乘起信论》一卷、唐实叉难陀译、马鸣造《大乘起信论》一卷、唐波罗颇密罗译《般若灯论》、唐法藏《起信论义记 起信论别记》七卷、一卷合刊、宋元照撰《佛说阿弥陀经义疏》一卷。

1899(光绪二十五年)

正月(阳历2月至3月)，撰“书《起信论海东疏》记后”，提出元晓与义想(即义湘)或为同一人之说。撰“东京本愿寺东文堂祝文”。

5月，小栗栖香顶撰《阳驳阴资辨》，6月，撰《念佛圆通》，进行反驳，并寄往杨文会。本年，真宗于南京创办般若波罗密多会，杨文会受邀讲演，作“般若波罗密多会演说”(一至四)。此外，“评日本僧一柳纯他力”、“评日本僧一柳读观经眼”以及“与日本后藤葆真书”三篇撰写年代不详，当在本年或之后写成。南条回复杨文会，言“深知为法之高志，欣喜靡已”，并说“今有小栗栖君所草《念佛圆通》，併《阳驳阴资辨》，自任答辩。若犹不满，则请更指摘之，使弟尽心于此”。

十一月，撰“《梵网经菩萨戒本疏》题辞”，认为“贤首此疏，深达戒经奥旨”，力荐学者应悉心研究。

本年，刊行隋吉藏传《胜鬘宝窟》十五卷、唐智俨撰《金刚般若经略疏》二卷、唐法藏撰《梵网经菩萨戒本疏》、新罗元晓撰《起信论海东疏》六卷、明袾宏《云栖法汇》。

1900年(光绪二十六年)

本年，作“与桂伯华书一”，言“但劝人学佛，而不劝人出家”。作“与黎端甫书”，言“欲明佛法深义，须研究《起信论》，并将净土三经及《往生论》时时阅之，于出世法门自能通达矣”，指明学佛途径。

作“与夏穗卿曾佑书”，言已将《成唯识论述记》付梓，可于明年五、六月间出书。信中还提及与真宗僧人争论之事，指出“尊示云，佛教之衰，实由禅宗，支那固然，而日本则衰于净土真宗。近阅真宗之书，与经意大相违背，层层辩驳，冀得改正”。

撰“与日本南条文雄书二十三”、“评小栗栖《阳驳阴资辨》”，“评小栗栖《念佛圆通》”，“杂评”（1899 至 1901），与真宗僧反复论辩。并有“与日本南条文雄书二十一”，对南条前往泰国迎接佛舍利深表欣羡，讲述为前田慧云搜寻典籍之事，请南条搜购《释净土群疑论》，以便刊刻，并赠新刊《云栖法汇》。从中可知，杨文会一方面与真宗展开争论，在思想立场上不相妥协，另一方面，与南条等真宗僧人继续交流，保持良好的关系。

1901 年（光绪二十七年）

三月十九日（阳历 5 月 7 日），立分家笔据（即“杨氏分家笔据”），召集三子，嘱咐分家事宜，将金陵刻经处捐为公产，“永远作为流通经典之所，三房均不得认为己产”。

5 月，龙舟撰《念佛圆通续貂》。10 月，龙舟撰“与杨仁山居士书”，称读杨文会批判真宗诸篇，“殆有入丈室接默雷之想矣”，赞言“咳垂亦玉，兼通之识，慧眼之高，跃然现于纸墨之外，变通之妙，犹不可端倪也”，并说“顾我宗入台邦以来，为日犹浅，蜀犬吠日”，然而，“遂不自量，聊续顶师之辩名，曰《续貂》”，表示承接小栗栖之辩驳，继续与杨文会论战。杨文会接信后，撰“与龙舟书”，申明彼此志愿不同，若再置辩不休，则变为流俗争论是非，便为无益。至此，杨文会欲终止由其自身挑起的持续三年的争论。

八月，作“《成唯识论述记》叙”，主张性相二宗互不相异。“与梅撷芸光羲书”，告之《成唯识论述记》“顷已出书”，并说桂伯华已“于二月初到宁，现居敝寓，研究《起信》”等经论。可知，桂伯华正式投于杨文会门下当在本年。

作“郑陶斋官应书”，言“鄙人学佛近四十年”，始则佛道兼学，后舍道(教)而专学佛，并以佛统摄诸教，并相赠《大乘起信论》，以及自著《阴符经发隐》与《十宗略说》。

本年，刊行唐窥基撰《成唯识论述记》六十卷。

1902 年(光绪二十八年)

所撰《佛学书目表》由新安汪氏用活字版印行于上海。本年，作“与李小芸国治书一”，言桂伯华来学两年之事，欲造释氏学堂，并明确提出要建立马鸣宗的构想。

“支那佛教振兴策”(一、二)，主张寺院应设学堂，开设普通学与内学，回应政府的庙产兴学政策，以图自存。“释氏学堂内班课程刍议”、“释氏学堂内班课程”则具体条列创办佛教教育的办法与课程设置。这些撰述当在本年前后写成。

本年，刊行明昱《相宗八要明昱解》八卷。

1903 年(光绪二十九年)

春，撰“《道德经发隐》序”，出版《道德经发隐》。

本年，刊行隋智顗撰《小止观》二卷。

1904 年(光绪三十年)

秋七月(阳历 8 月至 9 月间)，撰“《冲虚经发隐》序”，出版《冲虚经发隐》。秋，撰“《南华经发隐》序”，出版《南华经发隐》。

1905 年(光绪三十一年)

5 月 16 日，作“与日本南条文雄书十八”，应藏经书院之请，为续藏经出版寄去相关书籍并列详列书目，达三十五种。6 月 24 日，作“与日本南条文雄书二十”，向藏经书院提供友人所藏德清、李卓吾有关华严著述，并为友人索要所需续藏中的书籍。

8月16日，作“与日本南条文雄书十六”，为藏经书院寄去二十三种佛典，其中“大小乘释经部”十四种，“大小乘释律部”一种，“大小乘释论部”二种，以及其他六种。每部书籍下注明所赠人名，有僧俗十余人，除了杨文会，尚有杨文会之女比丘尼圆音、普陀印光等。此信刊载于藏经书院发行的《大藏经报》第47号（同年10月8日），其中书目为《等不等观杂录》所删。

本年，刊行明德清撰《观楞伽记》十八卷。

1906年（光绪三十二年）

2月9日，作“与日本南条文雄书十七”，记述典籍交换之事，于信末详记寄送书目，共有十六种，分别为“法相宗著述部”一种、“律宗著述部”三种、“净土著述部”一种、“禅宗著述部”六种 、“史传部”四种、“杂著部”一种。而赠书者中则有扬州释观如、金陵月霞、高邮释普航以及北京龙泉寺等，详见于《大藏经报》第52号（同年3月8日）。本月，撰“《佛教初学课本》自序”。4月，《佛教初学课本》与《佛教初学课本注》合为一册出版。

7月27日，作“与日本藏经书院书一”，得赠《贞元华严疏》、《圆觉大钞》二书，言此书“元明以来，竟无人见。今由贵院刷印流传，实释氏教中伟烈也”。并向藏经书院赠自著《佛教初学课本》。

10月，撰“《大宗地玄文本论》序说”，11月，出版《大宗地玄文本论略注》。12月3日，藏经书院致信杨文会，要将杨文会著述汇为《仁山全集》，收入续藏之中，并请杨文会“自序全集，附贵传及贵肖像”。12月17日，作“与日本藏经书院书二”，欣然答应藏经书院要将其著述收入续藏之请以及撰写续藏经序文之事。其实，后来杨文会著述并未收录其中，其中原委，虽不得而知，恐怕与批判真宗之事有关。此外,信中提到《大宗地玄文本论略注》数月后可成,而《等不等观杂录》稍迟当刊,《论语发隐》则尚需时日。本年,作“谢客启”。

杨文会的著述中不明年代者颇多,其中《论语发隐》、《孟子发隐》等,恐都在本年之后写成,其他如《观无量寿佛经略论》、《无量寿经优婆提舍愿偈略释》、《坛经略释》均为晚年作品。

本年,作“谢客启”,称年已七旬,精力衰颓,将余生专注于经籍的校订刊印,“所有远方来函,概不作答”。杨文会的著述中不明年代者颇多,其中《论语发隐》、《孟子发隐》等,恐都在本年之后写成,其他如《观无量寿佛经略论》、《无量寿经优婆提舍愿偈略释》、《坛经略释》均为晚年作品。

1907 年(光绪三十三年)

6 月 27 日,作“与日本藏经书院三”,向藏经书院提供友人所藏典籍,供续藏采用,并赠《大宗地玄文本论略注》,希望将此书收入续藏经《释摩诃衍论记》之后。其后,本书收入于续藏之内。本年,创设“祇洹精舍”佛教学校,撰“日本续藏经序”。而《释摩诃衍论集注自序》当在本年或之后写成。

本年,刊行隋智顗撰《金刚般若经疏》一卷二十八卷、唐澄观撰《华严玄谈》二十八卷。

1908 年(光绪三十四年)

作“《大乘中观释论》叙”,又作“《中论疏》叙”,批评禅宗不立文字之弊端,呼吁振兴三论之学。

孟冬(阳历 10 月),撰“祇洹精舍开学记”。杨文会亲自教授佛学课程,苏曼殊任英文教师,李世由授汉文,谛闲任学监,学生十余人,太虚曾在此受教半年。

杨文会为延揽教员,曾作“与释式海书”,邀释式海法师担任佛学课程,以及“与李小芸书二”,望李小芸南来,共襄盛举,但皆未能成。此二信当写于本年或之后。

本年,刊行隋吉藏撰《中论疏》、唐实叉难陀译《大乘入楞伽经》七卷、宋惟净译《大乘中观释论》十卷、明圆珂撰《楞伽经会译》四卷。

1909年(光绪三十五年)

4月17日流亡日本的章炳麟(化名末底)致信余同伯,信中说在日本随印度一婆罗门师学习梵文,并说“若能告仁山居士,设法资遣数人到此学习,相与支持此局,则幸甚”,要杨文会派弟子一同学习,并出资支持。杨文会作“代余同伯答日本末底书”,言因创办祇洹精舍,经费难筹,婉言拒绝。

5月8日,章炳麟致书杨文会,望杨文会护持梵学,延请印度婆罗门师,并说佛教与婆罗门应合为一家。杨文会作“代余同伯复日本末底书”,严厉批评了章炳麟的佛、婆一家的说法。

本年,刊行唐宗密《圆觉经大疏》十六卷。

1910年(宣统二年)

本年,创立佛学研究会,撰“佛学研究会小引”。撰“南洋劝业会演说”、“南洋劝业会开设佛经流通所启”。又撰“报告同人书”,欲重新编定大藏经体例,草定“大藏续藏提要”与“大藏集要”,据此《大藏辑要叙例》当在其后撰成。“报告同人书”提到《等不等观杂录》已有百余页,略加编定,即可成书,而且还言及要撰写《释摩诃衍论集注》。

1911年(宣统三年)

8月17日(阳历10月8日),召集佛学研究会同人开会,于会议中去世。

11月8日,南条文雄与章炳麟在东京一桥学士馆召开杨文会追悼会，发起人为大内青峦、高楠顺次郎、高岛米峰、妻木直良、南条文雄、村上专精、前田慧云、赤松连成、水野梅晓、岛地大等、章炳麟。当日，章炳麟因故缺席，委派了学生傅铜参加，赤松也未能出席，其所作挽诗由妻木直良代读。赤松所作诗为"挽仁山杨大人"，内容如下。

鸣呼杨君，宗门之彦。身在金陵，德化远传。

尝游泰西，百研千炼。虽则研炼，素质无变。

深信真乘，弘通经卷。至老益坚，仔仔不倦。

神交多年，未曾识面。通信惠书，不见犹见。

嗟君逝矣，何耐悲恋。聊陈微词，以代菲奠。

参考文献

于凌波：《杨仁山居士评传》，新文丰出版公司，1995 年。

周继旨编校：《杨仁山全集》，黄山书社，2000 年。

陈继东：《清末佛教之研究－以杨文会为中心－》，山喜房佛书林，2003 年。

"有关在日本举行的杨文会居士追悼会"，载《原学》第 4 辑，中国广播电视出版社，1996 年。

"清末日本传来佛教典籍考"，载《原学》第 5 辑，中国广播电视出版社，1996 年。

《金陵刻经处流通经典目录》，收入徐蜀、宋安莉编：《中国近代古籍出版发行史料丛刊》，北京图书馆出版社，2003 年。

武延康、纯一编：《杨仁山居士初稿》（未刊）。

传统与现代的调适
——杨文会居士的佛学

陈继东

杨文会(1837-1911)辞世于辛亥革命前夕,其生涯恰与晚清中国激荡变化的历史相重合。这一时期,由鸦片战争引发的一系列的中国危机,迫使当时的思想家们去关心和思考社会变革乃至革命的问题,以及如何面对西方的问题。令人意外的是佛教却成为晚清思想界的一个重要思想资源。梁启超在《清代学术概论》中就指出,晚清思想家有一伏流,即为佛学。依据梁启超的叙述,清代前期,佛学极衰微,高僧无多,即使有,也与思想界无大关系。而乾隆时代,佛教出现了生机,产生了许多著名的在家居士,有的甚至与像戴震那样的思想界重镇相辩难。至十九世纪中叶,又有龚自珍、魏源等,提倡经世致用的今文经学,并兼治佛学。在变法时期,不论是康有为、谭嗣同,还是章炳麟,以及包括梁启超自身,其社会变革与革命的主张,都与佛学相关联,或推挹佛教,或以己意进退佛说,"故晚清所谓新学家者,殆无一不与佛学有关系,而凡有真信仰者率皈依文会"。在戊戌变法中遇难的谭嗣同曾经夏曾祐的介绍至南京金陵刻经处,从杨文会游学一年,而撰写了《仁学》,流亡日本的章炳麟也曾致信杨文会,望其出资支持学习梵文。

杨文会的佛法因缘

1837 年 11 月 13 日,杨文会生于安徽南部的石埭。翌年,其父杨仆安中举为进士,举家北上。少年时习武任侠,1860 年代太平天国运动之际,其父受曾国藩之令赴杭州筹集军粮,杨文会也随之投身军务。据杨文会自述，其幼时喜读奇书，凡道家兵家以及诸子，莫不购置；二十六岁时始学佛，二十七岁丧父，承担一家十余口衣食之资。其收入全仗公职薪俸，当时"日日办公，日日学佛，未尝懈退"(《杂录》卷六「与廖迪心世藏书」)，可见信佛之笃实。

不过，关于其学佛因缘，有两种说法。其一，先由一位年老比丘尼授与《金刚经》，读而难解，后于书肆中购得《大乘起信论》，未暇过目。因操办父亲丧事过劳而得大病，疗养期间，从书匮中取出《大乘起信论》阅读，而手不释卷，后又在坊间得《楞严经》，讽诵不已，忘身在书肆。其后日加勤于搜集佛教经典。其二，据其孙女杨步伟《一个女人的自传》的记述，在迁居杭州期间，为邻家女子的聪慧所倾倒，欲娶为并妻，尽管当时杨文会已有家室，但遭其母亲及妻子反对，未能实现，失意中在西湖附近的书肆中偶遇《大乘起信论》，一读而得其奥旨。杨步伟曾留学日本学医，后嫁给著名语言学家赵元任，其所叙述，或许有文学性的夸张与润色，但或多或少记录了其家族中的传说。总之，在太平天国战乱之中，杨文会通过阅读《大乘起信论》以及《楞严经》，破解了降附身上的种种深刻烦恼。

金陵刻经处的创立与发展

1865 年，太平天国之乱平息后，杨文会任职于江宁工程局，从事南京的重建。公务之余，与王叔梅、郑学川、曹镜初以及魏源之子魏刚已等信佛士人，共同创办金陵刻经处，1866 年刊行了魏源编辑的《净土四经》。1898 年，金陵刻经处由南京花牌楼迁移至延龄巷(今淮海路)，至今刊刻佛典不断。

杨文会的父亲与曾国藩为科举同期，故两家交往深远，杨文会与曹镜初曾参与《曾文正全集》的编纂。1878 年，曾国藩之子曾纪泽出使英法，举荐杨文会为随员而同往，后杨文会1882年归国，其间于伦敦结识了在牛津研习梵文佛典的日僧南条文雄（1849－1927）。两人意气投合，结为挚友，其后交往三十余年，书信往来不绝，交换佛典，切磋佛学。1886年，再次应召前往英法，赴任于使馆。1889年回国后，辞去一切公职，专心致力于佛典刊刻流通。1890年，其内弟苏少坡赴日本使馆任职，杨文会借此机会，令其居中斡旋，请求南条文雄协助搜寻中国散失的佛典。南条积极响应，召集众人从事收集，先后寄去二百八十三种佛典。杨文会则将重要典籍一一校勘而刊行。与此同时，受日方的请求，杨文会也寄去众多典籍。特别是，自1905年，设立在日本京都的藏经书院，计划编纂《续藏经》，杨文会极力协助，贡献甚大。而自日本重新返回的佛典，如窥基《成唯识论述记》、法藏《大乘起信论义记》、以及昙鸾、道绰、善导等人的净土著述，先后传来刊行，对晚清佛学的振兴产生了重大影响。

金陵刻经处不仅是佛典出版的重镇，也是近代佛教教育的发祥之地。1908年，杨文会于刻经处创立了“祇洹精舍”。其课程有佛学、汉文、梵文、英文，不仅培养一般的佛教人才，更欲造就能至印度传播佛教之人才。教师阵营中，有苏曼殊教授梵文，而杨文会则自任佛学教授。杨文会还曾致信僧人释式海，详述“祇洹精舍”教程，告知英文汉文教师已得三名，力邀式海法师担任佛学课程，其结果不得而知。兴办佛教教育，是杨文会长年悬置胸中的愿望。1894年，在上海与致力印度佛教复兴的达摩波罗相见时，就受邀派遣中国僧人前往印度传授佛教。杨文会虽深为赞同其旨，但当时中国尚无合适的人才，对此现况深感悲哀。此后一直力倡佛教教育的重要性，将培养人才视为当务之急。面对庙产兴学的冲击，杨文会一方面表示反对，一方面力主佛教寺院应适应时代变化，主动兴办学校，开设普通教育课程与佛教课程，以图自存。还亲自编定教程，分普通学与专门学，其中普通学的每日课程有六节，上下午第一节课均为佛教，其余四节课则分别为国文、理史学、地理、算法、梵文、英文、东文（日语）。专门学则自第四学年起，于佛教十宗中，专攻一宗，以造就专门人才。并于佛教课程中，详列具体书目。几经周折，终于开设了"祇洹精舍"，收学徒二十余名，民国佛教泰斗太虚大师便是其中的一位。然因经费短缺，仅延续了两年。尽管如此，"祇洹精舍"仍为近代中国佛教教育积累了具体经验，成为可资借鉴的典范。

与日本佛教的交流

佛教与晚清社会变革

变法（变革）是晚清社会的新潮流，即通过广泛的社会变革以求自存致强，成为新学家们的共识。杨文会也不例外。他认为不变法则不能自存，一经变法，则人人争竞，开始效法他国，进而求胜他国，年复一年，而至登峰造极。但是，仅仅停留这样的变法，会引起世界性的冲突，而最终导致文明的破灭。因此，国家的富强并非如同号为文明之国那样徒靠法律制度来钳制人心去达成，而是要依靠每个人的自觉来实现，佛教则可为社会变革提供道德的保障。因为佛教不仅使人深信因果，改恶迁善，以维持人心，而且其终极目标是自度度他。杨文会还指出，西方各国振兴之法在于通商与传教,而在中国虽有推行通商之人,却缺乏流通宗教之士,佛教则是最易通行世界的宗教。因此,杨文会认为,佛教的济世之方与社会变革是相辅相成的,并非虚无寂灭之谈。从上可看出,在杨文会那里,世俗的社会活动与作为佛教徒的活动两者不是断裂的,而是相互关联的。可以说,自觉地把握到中国面临的时代课题,强调佛教的社会参与的意义,是杨文会佛教认识的一个特点。这一特征与其他主张社会变革的晚清思想家是相通的。

不仅如此,杨文会还论及佛教的振兴事关中国文明的再兴与声誉。佛教由印度传至中国一千八百余年,不仅翻译出大量经典,而且创立了禅教律净等独特的佛学理论,成为中国文明的有机部分。至清代中叶,中国佛教因僧徒安于固陋,不学无术,而开始衰落。加之清末又有庙产兴学之举,基督教以及日本佛教之传来,使其深陷危机。因此,中国佛教若不及时整顿,则不但贻笑邻邦,也为本国权势所摧毁。而佛教现在世界得到广泛的关注,所以,振兴中国佛教,可使中国文明为世界各国所器重,不至贬为野蛮之国。与日本佛教的交往,支持印度佛教的复兴,以及关注佛教在西方的传播,都体现了杨文会将中国佛教作为中国文明的一部分予以发扬广大的意图。立足于世界的观点与中国文明的立场,审视佛教的作用与意义,寻求佛教自身的改革,则为杨文会佛教认识的又一个特征。

杨文会的佛教思想

着重中国佛教自身的变革,是杨文会佛教思想的一个显著特点。正如其自述的那样,"教在贤首,行在弥陀",即在教理方面以法藏的华严教学为理论基础，而以净土信仰为具体的实践。杨文会十分重视华严的佛、众生、心三无差别的思想，而以法藏的《大乘起信论义记》作为根据加以诠释。他所首倡的“马鸣宗”，则是晚清佛学的一个重要成果。1902 年前后，在给友人的信中，杨文会披露了欲建立“马鸣宗”的构想。即以《大乘起信论》为根本，依据《大宗地玄文本论》中的“金刚五位”，对以往的各派佛学理论重新进行判教，总括释迦如来教法，提供一个更为完整的佛学体系，以此救弊补偏。这是一个中国佛教思想史上绝无仅有的新理论。众所周知，针对印度佛教的多样性，在中国佛教历史上出现了众多判教理论，即立于一定的融合立场，将整个佛教理论重新组织为一个由浅至深的思想体系。这是中国佛学的特色。然而，以往的判教理论凸显佛学理论中的高低优劣，强调自宗的优越性，拘囿于宗派的立场，偏执于门户之见。杨文会认为这样的理论不再适应新的时代，主张各种经论教说相摄互通，平等无差，皆是同往佛陀觉悟的大道。换言之，佛教的每一种教说，都是针对相应的众生（人）的根机（素质、能力）而宣说的，因此，每一个众生（人）依据其教说皆可觉悟而成佛。杨文会的“马鸣宗”不仅要打破晚清佛教宗派对立的局面，也是针对在中国传教的日本净土真宗所主张的他力信仰而发的。

在《十宗略说》中，杨文会将中国佛教的宗派总结为十宗，以律宗为开端，净土为终结，更为简明地展示了他的上述思想。即律、法相、天台、华严、禅等九宗针对相应的根机，而净土则总摄所有的众生。其余九宗皆为净土资粮，最终归于净土，而修净土也得圆证其余九宗。因此，在净土理论上，提倡自力他力并重，这是杨文会佛教思想的又一个特色。这一特色显著地体现在对日本净土真宗的批判上。1899 年至 1902 年,杨文会针对《真宗教旨》这一净土真宗在中国传教的手册,与南条文雄等人展开了激烈的论辩。在给南条文雄的信中,杨文会说,“弟与阁下交近二十年,于佛教宗趣未尝讲论。今因贵宗将遍传于地球,深愿传法高贤酌古准今,期与如来教意,毫不相违”(《等不等观杂录》卷八“与日本南条文雄书二十二”)。在驳论真宗僧人的答辩时,杨文会指出“君谓他力信心以为属他力,我谓信他力仍从自力起。必欲强分自他,则自他亦假名而已”(《阐教篇》)。杨文会主张自力他力犹如车之两轮,鸟之两翼,不可偏废,而且这是经典正义。

正如坂元弘子所指出的那样,相对于他力强调自力,既与寻求变革的主体有关,同时也针对以基督教为背景的西方哲学,来显示佛教的优越性,因为只是讲“他力“则很难与基督教的外在超越的上帝(神)相区别。因此,杨文会的上述主张与当时的思想界所探索的国家认同不无关系。杨文会的佛教思想中特别推重法相唯识学,认为其为末法救弊的良药,要比西方哲学更为深奥。在这一点上,不论是谭嗣同还是章炳麟,都强调华严和唯识,并将之作为对抗西方的理论武器,试图探寻建立国民国家的途径。可以说杨文会佛教思想在一定程度上影响了他们的思考。

《等不等观杂录》成书考

杨文会的专著不多,有《大宗地玄文本论略注》、《佛教初学课本注》、《十宗略说》以及《论语发隐》、《孟子发隐》、《阴符经发隐》、《道德经发隐》、《冲虚经发隐》、《南华经发隐》等。而《等不等观杂录》则收录了杨文会的短篇论说、讲演稿、序跋、以及书信。上述著述皆汇入由徐文蔚于1917年编辑的《杨仁山居士遗著》之中。

其实《等不等观杂录》成稿，有一过程，至今尚无人论及，以下略作考察。简而言之，一是杨文会自身对本书的编定，二是弟子梅撷芸的刻印，三是《杨仁山居士遗著》编者的定稿。

首先，《等不等观杂录》这一书名最早出现在1906年杨文会回复日本藏经书院的信中。

> 贵院雅意，欲汇拙作，以为全集入《续藏》中，心感无涯。鄙人著述甚少，已刊成者，有《阴符》、《道德》、《冲虚》、《南华》四经发隐一册，《佛教初学课本》一册。正当发刻者有《大宗地玄文本论略注》一册，数月后可成。另有《等不等观杂录》一册，稍迟当刊。拟作《释摩诃衍论集注》一部，《论语发隐》一册，尚须时日也。贵院若欲翻刻拙作，均可听许，不论版权。封赠肖像一纸，系四十三岁在佛京巴黎映出，尔时精力强健，非近年衰老之相也。（“与日本藏经书院书二”《等不等观杂录》卷八）

此信曾刊载于藏经书院的机关杂志《大藏经报》第六十五号（1907），而此信的签署年月为1906年12月19日。藏经书院欲将杨文会的著述汇为一处，刊入《续藏经》中，对此要求，杨文会欣然接受，同时指出尚有数种有待完成，而《等不等观杂录》便是其中一种。不过，据此可知，此时杨文会业已开始着手编辑此书了。

在“报告同人书”（《等不等观杂录》卷五）中，杨文会也言及此书。

> 鄙人四十年来，屏绝世事，专力于刻经流通，窃以弘法利生为愿。今垂老，尚有心愿中未了之事。一俟病体稍瘥，当并日以进，用将大概，敬审我同会诸君。

一《释摩诃衍论集注》、《瑜伽师地论》。右二书稿已过半，但搜葺诸家注说，及点句会文，颇费心力。倘天假之年，当有观成之日也。

一《等不等观杂录》。《杂录》约有百余页，原稿均散乱无序，略加编定，便可成书。

谨案，至云《瑜伽师地论》、《释摩诃衍论集注》稿已过半者，盖腹稿也。以先生晚年手颤，艰于握管，又无笔受之人，二书遂不传于世，至可惜已。——编者识。

“报告同人书”撰写于1910年，其中明确说《等不等观杂录》有百余页，尚处在散乱无序的状态，“略加编定，便可成书”。至此时点，《等不等观杂录》可以说大致成形。

《杨仁山居士遗著》的编者，在《等不等观杂录》卷八目录下写有简短的跋文如下，

以上都为一百五十篇，曩者撷芸君曾刻其七篇，合《十宗略说》为八篇。今以《十宗略说》别为一种，而就刻经处所藏稿本重加编次，勒成八卷。窃意先生遗文当不止此，中日二国人士藏有先生手稿为兹编所未录者，如荷邮寄刻经处，俾得刊为续编以饷当世，则法门之幸也。丁巳夏编者识。

从中可知，梅撷芸曾将《等不等观杂录》中的七篇于《十宗略说》合为八篇刻印出版，可以说是《等不等观杂录》成书的第二阶段。但份量与杨文会编定的颇有差距。而《杨仁山居士遗著》的编者则收集了一百五十篇，近二百余页，或许对杨文会编定的有所增加，故可视为第三阶段。

《等不等观杂录》内容

《等不等观杂录》共八卷，内容各有偏重，以下分别介绍。第一卷收有论述佛学大意的短篇文章，以及讲演稿。杨文会有关佛教与社会关系的观点，主要体现在这些文章之中，大多是 1900 年以后撰写的。其中“佛法大旨”、“学佛浅说”、“观未来”诸篇对佛学大意的讲述深入浅出，而“支那佛教振兴策”、“释氏学堂内班课程刍议”、“祇洹精舍开学记”、“佛学研究会小引”等数篇，从社会变革、全球化的观点具体阐述了振兴中国佛教的方法和意义，尤为重要。而“金陵本愿寺东文学堂祝文”、“般若波罗密多会演说”则为应在南京传教的日本东本愿寺之邀而作的讲演，从中看出杨文会与真宗的密切交往，以及观点上的分歧。特别值得关注的是“南洋劝业会演说”一篇。南洋劝业会是近代中国首次举办的国际博览会，1910 年 6 月于南京持续开办了半年之久，朝野轰动，数十万人前往参观。在会期将满之际，特设宗教讲座，邀请杨文会登坛演说。杨文会在演讲中阐述佛法自度度他的济世之方，强调佛教与社会发展的相辅相成的关系。为丰富博览会的内容，杨文会还在会场中开设佛典流通所，汇集金陵、扬州、常州、苏州、杭州等地刻经处的出版物，以便与会者购阅（“南洋劝业会开设佛经流通所启”《等不等观杂录》卷五）。上述资料显示在杨文会那里，佛教活动与社会活动不是互不相关的，而是有机地结合在一起，体现了入世救世的社会关怀。

第二卷只收录了“佛学书目表”。此书目表为学佛者指明佛典要集，内分华严部、方等部、净土部、法相部、般若部、法华部、涅槃部、秘密部、阿含部(小乘经)、大乘律、大乘论、禅宗、天台宗、传记、杂集、道家。各部之内,注明重要的经论与注疏,而禅宗以下则为中国撰述。此书目表曾于1902年以活字版印出,而收入《等不等观杂录》时未作增改。

杨文会在翻刻佛典过程中,逐渐认识到以往的大藏经分类颇不详备,拟重新规划,最终完成更为完备的大藏经体系。1910年的"报告同人书"中,即提到要仿照《四库全书》体例,编辑《大藏续藏提要》,以便初学,同时还要编辑不同于日本续藏经的《大藏集要》。杨文会指出日本刊刻的续藏经,搜求虽富,但鱼目混珠,须加筛选。为此,他提出了三个准则,即必刊行者、可刊行者以及不刊行者,目的在于使读者不至迷失方向。譬如,杨文会曾刊行了道绰的《安乐集》,"佛学书目表"也将此书列入表内,可是在与日本真宗辩论之际,越发认识到道绰净土思想的异端性,对刊行之事表示后悔。其后,杨文会编定了《大藏辑要叙例》(参见《等不等观杂录》卷三"大藏辑要叙例"),制订了比"佛学书目表"更为完整的分类体系。后来欧阳渐编刻的《藏要》无疑承继了杨文会的这一构想。

第三卷则为杨文会各种著述以及刊刻各种佛典的序跋。后者中,重要的有"重刊净土四经跋"、"成唯识论述记序"以及有关华严、《大乘起信论》刊刻的种种序跋。从中可看出杨文会对于华严、唯识的倡导,以及对于净土的宣扬。其他尚有从佛教的立场,对于儒、道经典进行解释融会的序文,可知三教融合的传统在晚清又有了新的发展。第四卷主要收录了杨文会撰写的书评以及对他人有关主张、质疑的评论和答复。其中对日本净土真宗僧人一柳知成用汉文撰写的"观经眼"和"纯他力论",进行了批评。《观无量寿经》是杨文会殊为重视的净土经典,自日本求回善导《观无量寿经疏》后，杨文会很快将其复刻，而且还计划撰写《观无量寿经》的注释，最终未能遂愿，只留下了后人整理的《观无量寿经略论》。如何判定《观无量寿经》在净土经典中的性质、地位，则是杨文会与真宗争论的重要分歧点。在净土真宗的判教理论中，《无量寿经》为机教俱顿，而《观无量寿经》则为机教俱渐，属于净土中的自力教。而杨文会则针锋相对，认为《观无量寿经》是机教圆顿，他力与自力并重。所以在对一柳知成的批判中，杨文会着重指出观想与持名互摄，而非真宗所主张的那样判然两途，善导所说"望佛本愿，意在专称名号"的解释也须依据经典重加检讨。

第五卷以下多为与人往来的书信以及数篇启告。其中卷五的三篇启告，即"谢客启"、"南洋劝业会开设流通所启"与"报告同人书"，皆为1907年以后之作，反映了杨文会晚年的活动与想法。而在其余书信，有的是与出家僧人的答问，如释幻人、释惟静、释遐山、释式海、释自真等；有的则是与旧时同僚的往复，如郑陶斋、周玉山等；更多的是与意欲学佛的文人之间的切磋，如李小芸、夏穗卿（曾佑）、桂伯华、李淡缘、黎端甫、梅撷芸、廖迪心、陈栖莲、章炳麟等。其中郑陶斋即为郑观应，是晚清倡导变法的代表人物，而夏穗卿则与谭嗣同、梁启超、严复有密切交往，不仅积极投身于戊戌变法的活动，而且也是将佛学与社会变革相结合的重要人物。桂伯华是杨文会最为器重的弟子，后留学日本学唯识与密宗，不幸病逝他乡。这些书信，从不同的侧面具体地展现了杨文会的佛教理解，是研究其佛教思想不可忽视的资料。

而第七卷与第八卷则主要收录了与南条文雄等日本僧俗以及日本藏经书院的往复书信，是了解近代中日佛教交流的重要资料。尽管《等不等观杂录》的编者对于杨文会与南条文雄等人交往的书信尽力搜集，不过，由于当时历史条件的限制，有相当一部分没能收入。笔者曾先后发现了南条文雄撰写的《学窗杂录》(1884—1886)、《赠书始末》(1892—1897)，其中收录了多篇与杨文会的交往的书信。此外，藏经书院的机关杂志《大藏经报》第45号(1905)至第71号(1907)，陆续刊登了南条文雄与杨文会的往来书信，以及藏经书院与杨文会的往复书信。上述书信总计近60封，而未收入《等不等观杂录》者竟超过30封。其详细可见拙作“清末日本传来佛教典籍考”(《原学》第5辑，1996，再收于周继旨编校《杨仁山全集》附录)、《清末佛教研究-以杨文会为中心-》(山喜房佛书林，2003)。

这些书信具体地记录了近代中日两国佛教者交往的史实，特别是在近代的佛典研究方法、具体交换的佛典书目，以及对于净土思想的理解方面，提供了宝贵的资料。这里，仅举出杨文会与南条文雄在英国时期的交往，简略考察这两位来自东方的佛教徒是如何面对西方的佛学研究的。

自古以来，从梵文翻译的汉文经典成为东亚佛教的基础和根据，然而，欧洲兴起的梵文原典研究却强烈地吸引了南条文雄和杨文会。在英国其间，他们两人就梵文原典研究的一般状况、梵字的古今异同、声明学、梵文经典、汉译的得失等展开了广泛的讨论，这也是他们在长期交流中最富有学术性的内容。南条文雄置身于梵文研究的最前沿，又有深厚的汉文教养，对杨文会来说是难得的向导。

南条文雄对杨文会开列的问题单，首先介绍了梵文原典研究的一般状况。当时欧洲的学术进步，其学者恰如当年的鸠摩罗什和玄奘，熟读梵文三藏经典，从事于翻译。印度东北部和尼泊尔发现了大量梵文原典，而南印度和斯里兰卡流行巴利文小乘典籍，与大乘佛典不同，这些在欧洲都已是常识。

其次，就中国佛教设立的“唱诵”科目和清代寺院中盛行的咒文，虽然没有发现相应的原典，但是缪勒的梵文文法书和 Monier-Williams 的梵英辞典（Sanskrit-Englishi Dictionary）可以参照，而且梵字字形也先后有变化，古今不同。梵文音韵的重要意义，可以从婆罗门教得到说明。即印度的婆罗门教，不是以文字来传承，而是以声音来传承其教义，所以若发音不正确则教义全非。佛教深受其影响，自古就重视暗诵，其文字也是从暗诵记录下来的。由于这样的历史背景，所以印度佛教设有“唱诵”一科，这也是中国佛教“唱诵”科目的由来。

第三，南条文雄把自己所整理的数部大乘梵文原典的进展，做了详细介绍。指出，梵文经典在传抄过程中，不仅有抄写的错误，而且因地区和方言的问题，使得同一经典有很多不同，这也是汉译中同一经典有不同译本的原因。而且，由于梵文语法与古代汉语完全不同，很难准确表达原意，又因翻译的形式即直译或意译的不同，虽是同一经典，译文则有很大出入。杨文会曾刊刻了有六种译本的《金刚般若经》，其中，有隋代译本，明代高僧智旭认为其译文极为拙劣。对此，南条文雄举例说明，并非是译文错误，而是由于直译的原故，按照梵文的语序机械地进行配置译文。而且，在杨文会的要求下，南条文雄将该经的经名直译出来，原题中没有“经”（Sutra）这个字。当杨文会得知“经”字系中国人追加时，受到极大震动。因为此经在中国佛教史上是最受重视的佛经之一，保证其权威性和正统性的“经”字是后人追加的这一结论，对于虔诚的中国佛教徒来说是难以想象的。

第四，对中国佛教徒佛教研究方法的批判。杨文会在伦敦时，曾亲手转交了他深受影响的两部中国佛教徒撰写的书。一部是唐代法藏的《大乘起信论疏》，一部是清代彭际清居士的《净土三经起信论》。杨是因读了《大乘起信论》而归信佛教的。所以，他十分关心该书的梵文原典至今还存否。当南条告诉他尚未发现时，十分失望。彭居士的净土信仰也给了他极大影响。南条在阅读了彭的书后，将批判意见寄给了杨。彭的书中，对于《无量寿经》的汉译五中译本做了重新校勘，试图确定一个新的版本。该经是净土信仰的基本的经典，有多种译本。宋代王日休居士曾以是否有益于净土信仰、译文的简洁性和表述的优美性为标准，对于古来的四种译本进行删节，制作了新的版本。然而，明代的云栖则不满其肆意变动经文顺序和删除文字，没有采用，将魏译本刊刻流行。彭则在云栖的基础上，以魏译作为底本，参照各个译本，对经文重新进行删减和增加。南条批评彭一面否定王的作法，一面又重复王的错误。译文的是与非必须在得到梵文原本，对各本进行比较考证之后，才可以进行判定。他指出这正是他本人以及欧洲学者努力搜求原本的动机所在。所幸的是他在欧洲已经得到了五种梵文写本，正在进行比较研究。

对于上述南条文雄的见解，杨文会深为佩服，认为，他不仅清楚地解释了众多历史上的疑难问题，而且，其所从事的工作也是中国数百年来无人能够做到的，高度赞扬了他的研究的独到性，并希望将他的研究成果在中国出版，介绍给中国的读者，而且，还表示将派遣中国青年到欧洲来学习梵文。因为，他们相信梵文原典的研究可以回复佛教的原貌。

从南条文雄的思考中，不难发现近代学术的方法论。这就是，在广泛地收集文献的基础上，驾御语言知识，进行比较实证的研究，以及重视历史的考察。这也是继承了他的老师缪勒的主张。缪勒曾不断告诫南条文雄要历史地研究佛教，指出比较宗教学研究的重要性。换言之，不论是梵文佛典还是汉译佛典，乃至佛教教义，都有其形成发展的过程，而揭示这一历史的过程便是历史的研究的主要工作。这两种研究方法即文献学和历史学的方法在南条文雄佛教研究中得到了忠实地贯彻，在杨文会的著作和教育实践中也部分地得到了反映，并逐步为东亚佛教研究者所接受，使得东亚佛教研究发生了根本性的变化。

上述事实表明杨文会与南条文雄的交流，是在共通的佛教信仰的基础上，以共同分享佛教的新旧知识为目的的。然而，两人在思想上却存在着深刻的对立，使得他们的交流停留在表面，没能像传统的东亚佛教那样达成教义上的一体性。他们在伦敦所讨论的新的佛教研究，成为后来东亚佛教发展的方向。日本佛教徒则领导了这个新方向。这个方向不仅仅是西方佛教研究的学习和移植，同时也导致了对中国佛教的批判性的审视。日本佛教徒正是在这两者（学习西方，批判中国）之间获得了自己的立场，从而积极地去塑造和强调日本佛教的独特性。而杨文会也正是在与净土真宗的辩论之后，建构了“马鸣宗”这一新的佛学体系，以复古与综合为中国佛教发展的新方向，即回归释迦，融贯历史。这一方向可以说分别为欧阳渐的回归印度唯识学以及太虚八宗并重的综合佛教所承继。

参考文献

徐文蔚编辑《杨仁山居士遗著》金陵刻经处，1919。

周继旨编校《杨仁山全集》黄山书社，2000。

坂元弘子「杨文会——以"自度度他"之社会救度为目标的清末佛教者」（佐藤慎一编《近代中国的思索者》大修馆书店，1998）。